AVANTURES DE TELEMAQUE
FILS D'ULYSSE.

u, suite du quatriéme Livre
de l'Odyssée d'Homere.

erniere Edition, plus ample & plus
exacte que les précedentes.

TOME I.

A LA HAYE,
hez A____ MOTJENS, prés la Cour,
à la Librairie Françoise.
M. DCC V.

AU LECTEUR.

L'Empreſſement que le Public a marqué pour le commencement de cét Ouvrage, m'en a fait chercher le reſte avec ſoin, & je puis dire avec ſuccez, que puiſque cette impreſſion a été faite ſur une Copie ſans lacune, trés-differente de celles qui ſont entre les mains de quelques particuliers, l'Ouvrage eſt preſentement complet & entier, tel que l'a fait ſon illuſtre Auteur, dont la beauté & le tour des penſées, la varieté & la force des expreſſions, ne peuvent être remplacées que par luy-même. Il eſt d'ailleurs inutile de faire l'éloge de ce Livre: le Public en connoît le merite; & ſi le commencement lui a tant plû, il ſera charmé du reſte, & me ſçaura gré de mes ſoins.

On a trouvé à propos de diviſer cét Ouvrage en ſeize Livres, pour repoſer le Lecteur, & pour plus grande commodité, on a mis avant chaque Livre un Sommaire ou Argument.

PREFACE.

LES Avantures de Telemaque ont merité il y a long-tems l'applaudissement de toutes les personnes de bon goût: & quoi qu'on en ait fait en moins d'un an plus de vingt Editions differentes, on peut dire neanmoins qu'il n'y en a point encore eu assez pour contenter l'avidité du public, qui ne peut se rassasier de la lecture d'un Livre si utile & si agreable. D'ailleurs l'empressement que les Imprimeurs ont témoigné pour satisfaire les curieux, fait qu'ils ont tellement précipité les Editions, qu'à peine en trouve-t'on une correcte & digne d'un Ouvrage aussi excellent que celui-ici. C'est ce qui a fait entreprendre cette nouvelle Edition, qu'on trouvera sans doute beaucoup plus parfaite que les précedentes. Il seroit à souhaitter que Mr. de Cambrai eut voulu luimême prendre soin de l'Edition de son Livre. Sa modestie & peut-être la crainte de déplaire à des Puissances, à qui il a eû le malheur de devenir suspect, l'en ont empêché jusques ici. Mais autant qu'il a marqué d'indifference pour le succez de son Livre, autant le Public a témoigné d'ardeur pour le faire valoir, & il

PREFACE.

ne faut pas s'en étonner, les agrémens infinis qui y sont répandus, & qui servent à rehausser le prix de la Morale la plus pure qu'on puisse imaginer, l'ordre & l'économie de tout l'ouvrage, l'expression noble & vive, la narration agreable & aisée, la varieté, l'abondance, le sçavoir bien ménagé, en un mot le merite de l'Auteur déja connu d'ailleurs, & enfin son malheur, dont presque personne ne l'a jugé digne, tout cela a produit cette multitude de suffrages & d'approbations qu'on s'est empressé de donner aux Avantures de Telemaque. Plusieurs personnes même ont été ravies de trouver cette occasion de venger Mr. de Cambrai de la persecution qu'on lui a suscitée.

Tout le monde sçait qu'il a été le Martir de la Theologie Mystique qu'il a deffenduë dans son Livre des Maximes. L'histoire en est longue, & demanderoit un éclaircissement fort ample; mais les bornes que je me suis prescrit dans cette Préface, ne me permettent pas de m'étendre beaucoup.

Je dirai donc en peu de mots que Mr. de Cambrai, tout grand esprit qu'il est, s'est mis dans la tête le dessein de soutenir l'amour pur & desinteressé, tel que plusieurs Contemplatifs l'ont enseigné, & tel qu'il ne subsiste que dans l'imagination échauffée de quelques dévots de profession, qui croyent par là se sequestrer du reste du monde, & qui regardent les autres

PREFACE.

hommes comme des mercenaires, qui marchandent le Paradis avec Dieu, & qui ne le servent qu'en vûë de la récompense.

Cette idée, sans doute, est belle & digne de la grandeur de Dieu, qui merite d'être servi pour lui-même, sans aucune vûë d'interêt. C'est dommage que la nature de l'homme soit trop foible pour atteindre à une si haute perfection, & que l'amour propre soit toûjours la base & le motif de toutes nos vertus. Toutefois plusieurs Mystiques approuvez de l'Eglise Romaine ont enseigné ces mêmes Maximes, & sont encore allez plus loin que Mr. de Cambrai, comme la plûpart en conviennent, & comme il me seroit fort aisé de le démontrer. C'est neanmoins sur cette doctrine qu'on a intenté le procés à Mr. de Cambrai. Je ne prétends point ici rapporter toutes les persécutions qu'on lui a suscitées, le Public en a été informé & lui a rendu justice.

Personne n'ignore que Mr. de Meaux autrefois son ami intime a été le plus passionné de ses ennemis, qu'il s'est servi contre lui de l'autorité du Roi, & du zéle que ce grand Prince témoigne pour la Religion, qu'il a engagé plusieurs Prélats dans sa querelle, qu'il a soulevé une partie de la Sorbonne, qu'il a répandu plusieurs Libelles pour ternir la réputation de son ancien ami; & qu'enfin toutes ces démarches, où il a paru beaucoup de passion & d'emportement, ont plûtôt fait voir le grand credit de Mr. de Meaux, que la justice de sa cause.

PREFACE.

Mais, dira-t'on, quelles sont les raisons qui ont si fort animé Mr. de Meaux contre son confrere & son ami, d'où a pû proceder un zéle si amer ? L'interêt de la Religion n'inspire point tant d'injures, tant d'intrigues, ni de cabales, sur tout contre un homme qui ne respire que la paix ; qui ne demande que la justice & la raison, qui offre de se soûmettre à un Tribunal legitime, qui s'y soûmet sans reserve, & qui donne l'exemple d'une parfaite obéïssance. Avoüons-le franchement, & rendons gloire à la verité, Mr. de Meaux avoit pour animer son zéle d'autres motifs que ceux de la Religion. Il ne m'appartient pas de sonder les cœurs, mais puisque Mr. de Meaux s'est donné cette licence à l'égard de Mr. de Cambrai, il nous permettra d'en user de même à son égard. C'est lui qui nous en a donné l'exemple, & nous tâcherons de le suivre. Mais comme nous n'avons pas cet heureux talent qu'il a pour répandre des injures, nous nous dispenserons de l'imiter en ce point. Voici donc ce que quelques-uns, qui paroissent avoir mieux démê'lé la verité, ont pensé de toute cette affaire, qui a fait tant de bruit dans le monde, & dont peu de gens ont penetré les veritables motifs.

Mr. de Meaux a recherché avec empressement la Charge de premier Aumônier de Madame la Duchesse de Bourgogne. Mr. de Cambrai a paru aussi la souhaiter, mais sans faire de brigues pour l'obtenir, & sans autre appui

PREFACE.

que son seul merite. Le crédit de Mr. de Meaux l'a emporté, il a eu la victoire entiere, mais il ne s'en est pas contenté, Mr. de Cambrai a cessé d'être son ami dés qu'il est devenu son rival, un concurrent d'un tel merite est toûjours à craindre quelque malheureux qu'il soit. Voilà si je ne me trompe le nœud fatal: mais poussons encore plus loin nôtre recherche. Mr. de Cambrai en recevant l'Archevêché que le Roi lui a donné, se démit d'une Abbaye considerable, disant que le revenu de l'Archevêché de Cambrai lui suffisoit. Cet exemple de desinteressement, digne sans doute d'être admiré, condamnoit tacitement la conduite de Mr. de Meaux, qui possede seul plusieurs Benefices, & dont l'ambition n'est pas encore satisfaite. Ainsi ce n'étoit plus selon lui une action ni belle ni indifferente. D'ailleurs la réputation d'esprit, de sçavoir & de vertu, que Mr. de Cambrai s'est acquise, offusquoit en quelque façon la gloire de Mr. de Meaux, qui depuis long-tems étoit l'Oracle des Prélats de France, & qui ne vouloit pas décheoir de cet honneur.

Ces raisons le rendoient son ennemi secret, mais elles ne lui permettoient pas encore de le paroître, il falloit des prétextes specieux pour autoriser sa passion, & pour ne pas perdre sa réputation, en voulant détruire celle d'un autre. Le Livre des Maximes lui a fourni tout ce qu'il souhaitoit, il y a vû ou a crû y voir des consequences dangereuses. La bonne intention

PREFACE.

de l'Auteur n'a pû l'excuser, sa droiture, sa soûmission, & toutes ses autres vertus n'ont pû arrêter le torrent d'injures qui étoit tout prêt à se répandre, ce zéle amer s'est fait sentir, & a éblouï les simples. Les idées de perfection que Mr. de Cambrai a voulu donner dans son Livre n'ont été que des chimeres & des heresies, son nom dans les Ecrits de Mr. de Meaux, s'est trouvé accompagné des épithetes les plus odieuses; & comme sa conduite ne donnoit pas de prise on a voulu le confondre avec Madame Guyon, & mettre un homme si sage dans les interêts d'une femme extravagante, il est devenu le Montan de la nouvelle Priscille. En un mot il n'y a point de voyes dont on ne se soit servi pour le rendre criminel. On a remué Ciel & Terre contre lui. Pendant ce tems de troubles & de persecutions, Mr. de Cambrai a conservé dans son cœur la paix & la tranquilité, & comme s'il eut été insensible aux injures & aux cabales qu'on faisoit contre lui, il ne répondoit qu'avec une moderation capable de desarmer toute la colere de ses ennemis. La force n'a paru que dans ses raisons & dans la victoire qu'il a remportée sur lui-même, aussi a-t'il gagné les suffrages de toutes les personnes desinteressées, & malgré la condamnation de Rome il a été justifié dans tous les cœurs.

Chacun sait que les intrigues de ses adversaires ont eu l'ascendant sur ses raisons, cela n'a pas empêché qu'il n'ait obéï aveuglement. Il n'a

PREFACE.

pas plûtôt sçû l'arrêt prononcé contre lui, qu'il s'est soûmis sans aucune restriction, il a lui-même condamné son Livre, sans chercher ni prétexte ni excuse pour le défendre. On voit dans l'Histoire de l'Eglise beaucoup de Saints & de grands Prélats qui sont tombez dans l'erreur, mais on n'en voit aucun qui ait fait paroître une soûmission si parfaite, &, je l'ose dire, qui se soit défendu avec tant de force & de moderation.

Tout le monde a loué Mr. de Cambrai de sa soûmission, je ne vois que Mr. Jurieu qui l'ait blâmé d'avoir procuré la paix de l'Eglise par une obéïssance sans reserve, & qui ait traité de bassesse le courage qu'il a témoigné à se vaincre lui-même. Ce Ministre n'attribuë la soûmission de Mr. de Cambrai qu'à l'interêt & qu'aux motifs les plus indignes d'un honnête homme, en quoi il fait assez connoître le fonds de son ame, & les raisons qui le feroient agir en pareille occasion. Mais laissons-là ce Ministre s'applaudir de son erreur, & reprenons nôtre histoire.

Il n'y a personne jusqu'ici qui ne juge que Mr. de Meaux doit être content de la soûmission de son adversaire : en effet, si ce Prélat ne cherche que l'avantage de l'Eglise la voila satisfait. Rome a parlé, tout cede, son adversaire donne le premier l'exemple d'obéïssance. La charité demande qu'on oublie le passé, qu'on louë hautement la conduite d'un ennemi si sage, si l'on peut traiter d'ennemi un homme qui ne cherche, &

PREFACE.

qui ne veut que la verité. Cependant Mr. de Meaux vient encore à la charge & attaque un homme qui ne se deffend plus : il a reveillé tout nouvellement cette affaire dans l'Assemblée du Clergé de France qui s'est tenuë à saint Germain en Laye, & a voulu qu'on travaillât à la revision du procés, qu'on en fit une ample Histoire pour justifier son zéle à la posterité, & pour immortaliser sa gloire, en humiliant son adversaire qu'il ne croit pas encore assez abatu. C'est en vain que l'Evêque de Rennes appuyé de plusieurs de ses Confreres lui a representé en pleine Assemblée qu'on ne devoit plus se souvenir de l'affaire de Mr. de Cambrai que pour admirer son obéïssance & sa soûmission, Mr. de Meaux n'a pas laissé de poursuivre, & dans un des Bureaux à la tête duquel ce Prélat s'est mis, on a fait de nouveau le procez à Mr. de Cambrai.

Une si cruelle persecution n'a point fait changer de conduite à Mr. de Cambrai, il n'a opposé que la moderation à tout cet emportement : mais il y auroit sujet de craindre que le Public, qui rend volontiers justice, & qui s'irrite contre la faveur dont on abuse, ne s'élevât enfin pour un illustre malheureux. Je croi même que Mr. de Meaux, pour sa propre réputation, auroit bien fait de prendre le parti d'admirer avec tout le monde la sagesse d'un Prélat si soûmis, & qui s'est plus acquis de réputation par son malheur, que lui-même par sa victoire.

PREFACE.

Tout ce recit ne tend point à faire croire qu'on ait eu tort de condamner la doctrine de Mr. de Cambrai. A Dieu ne plaise qu'on s'oppose à un jugement aussi autentique que celui de la Cour de Rome: Mr. de Cambrai s'y est soûmis, & il a bien fait, les vûës profanes qu'on peut avoir eües n'empêchent pas que le jugement ne soit équitable. On a prétendu seulement montrer la violence & l'injustice du procedé de quelques particuliers à son égard, qui le poursuivoient à toute outrance, lorsqu'il ne respiroit que la paix, & qu'il offroit de se soûmettre sans restriction. Voila surquoi le Public condamne ses adversaires, & admire sa conduite, qui ne s'est jamais démentie.

Il y a encore une chose sur laquelle Mr. de Cambrai peut se plaindre avec raison, c'est que n'ayant rien avancé que sur la foy de tous les Mystiques les plus approuvez, de saint François de Sales entr'autres, de sainte Therese, du bien-heureux Jean de la Croix, de Balthazar Alvarez, &c. on n'a pourtant pas voulu les confondre avec lui, quoi qu'il ait été plus moderé qu'eux, c'est vouloir que sa doctrine subsiste encore dans les Livres de ces Auteurs, quoi qu'elle soit condamnée dans le sien. Mais avoüons-le franchement, le malheur de Mr. de Cambrai vient d'avoir tiré cette doctrine de l'obscurité mysterieuse où elle étoit enfermée. Il l'a mise au grand jour, il a, pour ainsi dire, levé le voile qui la couvroit, & avec beaucoup

PREFACE.

de netteté & de précision, il l'a montrée telle qu'elle étoit; alors dévelopée du galimatias qui l'environnoit, elle a paru toute nouvelle; & voila en quoi Mr. de Cambrai a choqué les esprits, il a parlé trop nettement pour des gens qui veulent être trompez, il a dissipé ces nuages, qu'on avoit si long-tems respectez, la lumiere les a éblouis, & ils ont condamné dans lui ce qu'ils avoient approuvé dans les autres.

Mais c'est assez parlé sur cette affaire, revenons à Telemaque. Ce nouvel Ouvrage de Mr. de Cambrai n'a pas vû le jour du consentement de son Auteur. Il ne l'avoit composé que pour l'instruction de Monseigneur le Duc de Bourgogne, à qui il vouloit inspirer des sentimens nobles & desinteressez. Il se croyoit assez récompensé de son travail par le fruit qu'il en esperoit, & par l'avantage que tous les peuples en recevroient un jour, si ses maximes étoient suivies. Mais le bonheur a voulu que le Public ait profité malgré lui de la lecture d'un si excellent Livre. Un Valet dont il s'étoit servi pour écrire l'ouvrage, à mesure qu'il le composoit, en fit une double copie, & depuis étant sorti de chez Mr. de Cambrai pour des raisons que je n'ai pas sçûes, profita du manuscrit qu'il avoit, & le vendit à un Libraire de Paris. Ainsi Mr. de Cambrai a vû tout à coup son Livre qu'il croyoit bien enfermé dans sa cassette courir toute la France & ensuite tous les Pays étrangers Le Public l'a reçû avec applaudissemens,

PRÉFACE.

& malgré le dégoût de quelques Critiques, l'a mis au-dessus des plus beaux ouvrages qui ayent paru depuis long tems.

Je ne prétends pas ici justifier Telemaque contre les dégoûts injustes de quelques censeurs; le Public le justifie assez, & par l'estime qu'il fait du Livre, & par le mépris qu'il témoigne pour la Critique. Ces Auteurs se décrient eux-mêmes en voulant se tirer de l'obscurité où leur peu de merite les a réduits malgré eux : en effet leur plume seroit à jamais ignorée, s'ils n'a-voient eu la hardiesse de se faire un si noble adversaire. Ce sont proprement des Pygmées qui attaquent un Hercule.

Un de ces Auteurs qui a fait imprimer sa Critique en Hollande n'a donné au public qu'un tissu de mauvaises plaisanteries, en quoi il est très-abondant, car il trouve moyen d'en debiter tous les mois contre tout ce qu'il y a de plus grand dans l'Europe. Je trouve Mr. de Cambrai bien-heureux d'être mis en si bonne Compagnie, & de n'avoir pas l'approbation d'un si foible Ecrivain, puisque pour la meriter il faudroit renoncer à celle des personnes de bon goût.

L'autre Auteur dont je parle, a composé une énorme Critique pour sa longueur, & que l'on peut justement appeller l'effroi du Lecteur, horibilem & sacrum Libellum, Livre aussi ennuyeux que celui de Mr. de Cambrai est agréable & divertissant. Ce sont des citations Gréques & Latines entassées sans discernement

A vj

PREFACE.

& sans ordre; qu'il envoye à une Dame pour la divertir, comme il pense, mais en effet pour lui faire prendre tous les Livres en horreur. Il commence par une ample dissertation contre les Romans : * ensuite dequoi il ajoûte que le profond respect qu'il a pour le caractere & pour le merite personnel de Mr. de Cambrai, le fait rougir de honte pour lui, d'apprendre qu'un tel ouvrage soit sorti de sa plume, & que de la même main dont il offre tous les jours au Dieu vivant le Calice adorable qui contient le sang de Jesus-Christ, le prix de la redemption de l'Univers, il ait presenté à boire à ces mêmes ames qui en ont été rachetées, la coupe du vin empoisonné de la prostituée de Babylone. Voilà du plus haut style, & qui fait voir que l'Auteur aime les grands mots. Aprés ce début il cite Mr. de Cambrai devant tous les Peres de l'Eglise, pour entendre sa condamnation ; mais ce bon Critique ne sçait pas que saint Jean Damacesne, qu'un Pape, & que plusieurs Evêques ont composé des Romans, & que l'on dit communément que l'Histoire de Job a été inventée par Moïse pour exciter les Israëlites à la patience.

Voilà donc les Romans autorisez par les plus grands hommes. Mais, ajoûte l'Auteur de la Critique, § les charmes de la vie champêtre, & les tendres amours des Bergers & des Bergeres d'Egypte dançans au son du chalumeau,

* Pag. 3. § Pag. 5.

PREFACE.

& de la flûte sur la fougere, & la peinture qu'il fait de la beauté naturelle & sans fard des petites païsannes Egyptiennes, le bonheur des habitans de la Betique, &c. tout cela est décrit avec trop d'agrémens, & ne sert qu'à corrompre l'esprit de la jeunesse. *Voila sans doute une Critique toute nouvelle, qui défend les graces & les ornemens du discours.*

S'il ne faut pour plaire qu'une narration pesante, & un stile pedantesque, l'Auteur de la Telemacomanie est incomparable. Cependant il veut quelquefois prendre le ton plaisant, mais cela lui sied aussi mal qu'à l'Ane de la fable de vouloir divertir son maître & se rendre agréable, il n'y a point de mauvaise turlupinade qu'il ne prenne pour de bons mots, & afin que l'on voye que je ne parle pas en l'air, voici un échantillon de ses plaisanteries, par lequel on jugera du reste. Il dit pag. 35. qu'il est étondant que Mr. de Cambrai n'ait pas sçû, ou n'ait pas fait reflexion que le bon Homme Anchise ne mourut en Sicile qu'après que son fils Enée l'y eut apporté, non sur ses épaules, mais dans un bon vaisseau. *La remarque est curieuse & digne d'un grand Critique comme lui.*

Mais il y a dans cet endroit une faute encore plus pitoyable. Il reproche à Mr. de Cambrai d'avoir commis un Anachronisme le plus grossier qui soit dans son Livre, en faisant inspirer à Aceste le dessein d'immoler Telemaque sur le tombeau d'Anchise avant que la flote

PRÉFACE.

d'Enée, qui étoit sur les côtes, fût arrivée. C'est ici qu'il triomphe. Il faut, dit-il, * qu'un menteur ait bonne memoire. Si Anchise est mort en Sicile, Enée y est donc arrivé; & sa Flote n'est plus errante dans les Mers aux environs de cette Isle.

L'Auteur de la Telemacomanie se seroit épargné tout ce discours s'il avoit pris la peine de lire le premier & le cinquiéme Livre de l'Eneïde. Il auroit vû dans le premier Livre Enée partant de Sicile pour aller en Italie, & ce Heros jetté par la tempête sur les côtes d'Afrique, où Didon le reçoit & lui fait conter ses avantures depuis l'embrasement de Troye jusqu'à son arrivée dans la Sicile, & à la mort de son pere Anchise qui mourut à Drepane, il auroit vû dans le cinquiéme Livre le retour d'Enée en cette Isle, où la tempête l'oblige d'aborder une seconde fois. Mr. de Cambrai feint que la même tempête poussa le Vaisseau de Telemaque sur les côtes de Sicile, & qu'Aceste eut alors dessein de l'immoler sur le tombeau d'Anchise, pour venger Enée des maux qu'Ulysse avoit faits devant Troye. Voilà cet Anachronisme épouventable, ou plûtôt l'ignorance du Censeur, qui n'a pas sçû qu'Enée avoit été deux fois en Sicile.

Pour achever de faire voir le peu de jugement de cet Auteur, j'ajoûterai une autre bévûë qu'il a faite dans l'Article de Pygmalion.

* Pag. 15.

PREFACE.

* *Il accuse Mr. de Cambrai d'avoir confondu la Chronologie, & il assure que Pygmalion Roi de Tyr ne vivoit point du tems de la guerre de Troye, il le prouve par l'autorité de plusieurs Auteurs Grecs & Latins, & employe cinq à six pages à démontrer cette verité. Il pouvoit s'épargner cette peine, car c'est un fait que personne n'ignore & que Mr. de Cambrai sçait apparemment mieux que lui : en effet, qui doute que Didon, Sichée & Pygmalion n'ayent été plus de deux cens ans après la prise de Troye. Si Mr. de Cambrai ne l'a pas dit ainsi, c'est qu'il n'a pas voulu s'assujettir dans un Roman aux régles de l'exacte Chronologie, & qu'il a mieux aimé suivre la disposition de Virgile, qui place les avantures de Pygmalion au tems d'Enée & de la guerre de Troye. Il a crû qu'un tel garand l'autorisoit assez dans un point où il n'est plus question de débroüiller la Chronologie, mais de plaire & d'instruire par la vrai-semblance plûtôt que par la verité. Voila ce que l'Auteur de la Critique auroit pensé s'il avoit eu le goût de la Poësie. Mais ce qu'il y a de plus plaisant, c'est qu'il veut prouver que le Pygmalion de Telemaque vivoit long-tems après ce jeune Heros, en le confondant avec un autre de même nom qui vivoit plusieurs siecles avant la guerre de Troye. C'est un plaisir de l'entendre parler lui-même.*

* Pag. 156. & suiv.

PREFACE.

* Les Poëtes de leur côté, *dit-il en parlant de Pygmalion,* assûrent que Venus & l'Amour pour se vanger de ce qu'ils n'avoient pû le réduire sous leur Empire, le rendirent amoureux d'une statuë, & que pour le châtier de l'horreur qu'il avoit pour les vivantes & animées Idoles de chair, ils le rendirent furieux & passionné pour une Idole de pierre. † *Il dit dans la page précedente :* Mr. de Cambrai nous dépeint Pygmalion comme un homme passionné pour les femmes, comme idolâtre de la beauté d'Astarbé, comme le plus grand débauché & le plus transporté de tous les hommes pour les plaisirs sensuels, & comme un monstre d'incontinence. Mais ce Prince n'étoit rien moins que cela, il avoit en horreur les femmes & ne pouvoit les souffrir, &c. Venus eut le chagrin, aussi-bien que l'Amour son fils, de ne pouvoir jamais l'asservir sous son Empire. *On ne peut pas renfermer plus de bévûës en moins de paroles. L'Auteur de la Critique prétend ici nous prouver que Pygmalion Roi de Tyr n'étoit pas débauché, parce qu'il y a eu environ quatre cens ans avant lui un fameux Sculpteur dans l'Isle de Cypre qui portoit le même nom, & qui étoit fort continent. En effet, ce Pygmalion dont il parle, & qu'il confond avec le Roi de Tyr, étoit un celebre Sculpteur de l'Isle de Cypre, qui avoit fait lui même la statuë dont il devint amoureux.*

* Pag. 161.   Pag. 160.

PREFACE.

Venus touchée de sa passion metamorphosa le marbre en une femme aussi belle que l'étoit l'ouvrage de Pygmalion. Ce fut de cette femme qu'il eut Paphos qui donna son nom au Païs de sa naissance. Paphos fut pere de Cyniras, & Cyniras eut de Myrra, sa propre fille, Adonis qui fut favori de Venus. Toute cette fable est si connuë, qu'on ne peut trop admirer l'ignorance de l'Auteur, qui se pique d'une grande érudition d'avoir embroüillé des choses si claires.

Cette erreur n'est pas la seule où il soit tombé au sujet de Pygmalion; il prétend que ce Prince que Mr. de Cambrai nous dépeint comme un impie, étoit un homme trés-religieux, & que son avarice insatiable, & l'assassinat qu'il commit dans la personne de Sichée, mari de sa sœur Didon, n'étoit qu'une bagatelle, & n'empêchoit pas qu'il ne fut honnête homme & les délices de son peuple.

Voila de beaux sentimens pour un homme qui nous veut faire un crime de la composition d'un Roman qui n'inspire que la vertu. Je ne parle point des équivoques grossieres qu'il dit à l'occasion d'un entretien que Telemaque eut avec un Prêtre Egyptien; ni des louanges fades qu'il donne à Mr. de Meaux. On sçait bien que ce Prélat merite d'être loué, mais je doute qu'il goûte des louanges si mal assaisonnées.

C'est trop s'arrêter, dira-t'on, à refuter un Livre que personne ne lira; d'ailleurs le Livre e Mr. de Cambrai est au-dessus de la Criti-

PRÉFACE.

que, il est vrai, cependant comme il y a eu quelques gens de merite qui ont trouvé à dire à cet Ouvrage, & qui ont aporté des raisons plus plausibles, tâchons de leur répondre & de les satisfaire.

1. Ils disent que le stile en est trop Poëtique, & traitent de verbiage ces endroits où l'Auteur s'égaye, & se répand dans des discriptions pompeuses, & dans des comparaisons un peu étenduës. Il est vrai que le stile de Mr. de Cambrai est Poëtique, & que c'est même la plus belle Poësie qu'on ait vû depuis Homere; mais c'est justement faire l'éloge de l'Auteur que de dire que son stile ressent la Poësie ancienne, parce qu'il s'est proposé de l'imiter en faisant une suite des avantures de Telemaque, qu'Homere conte dans son Odissée. Il faut donc voir s'il a bien pris la maniere de ce Poëte, & s'il y a réüssi, il faut avoüer que son ouvrage a toute la perfection qu'on peut demander.

Mais, disent quelques-uns, pourquoi choisir ce stile, lors qu'on écrit en prose? La raison n'est pas difficile à trouver. Mr. de Cambrai écrit pour un jeune Prince à qui il est besoin de faire passer les préceptes sous un stile qui lui plaise, & qui lui cache en quelque façon l'ameritume du remede (pour me servir de la pensée du Tasse.) Or il n'y a point de stile plus capable de plaire à l'esprit d'un jeune Prince, & de lui insinuer la Morale, que celui qu'il a choisi. On se rebute des Maximes qui ont trop

PREFACE.

l'air dogmatique; il falloit inventer un ſtratagême innocent, & Mr. de Cambrai l'a trouvé dans la facilité & dans l'abondance de ſa plume, qui a ſi bien imité celle d'Homere, que les plus habiles doutent aujourd'hui ſi Homere eſt plus digne d'admiration que lui.

2. D'autres ſont choquez de ce qu'il a choiſi la Fable plûtôt que l'Hiſtoire, & diſent qu'une Morale auſſi parfaite que celle-là devoit être appliquée à des ſujets veritables, & non pas liée à des avantures chimeriques. Mais c'eſt ſe déclarer contre tout le genre humain que de vouloir condamner la Fable; l'Ecriture Sainte ne l'a pas rebutée, & les plus ſeveres l'ont permiſe, les enfans y ont du penchant, & il eſt bon d'en profiter pour leur inſpirer par ce moyen les préceptes; qui autrement les dégoûteroient, il faut les déguiſer en amuſement & en badinage; preſque tous les hommes ont beſoin de cette précaution; Mr. de Cambrai eſt donc bien louable de l'avoir ſuivie en inſtruiſant un jeune Prince; on ſçait que les Princes ont plus beſoin de ces ſortes de ménagemens que les autres.

Quelques-uns ont fait d'autres objections; mais elles ſont ſi legeres qu'il ſeroit inutile de les relever ici; le Livre ſe défend par lui-même, & le plaiſir qu'il donne à ſes Lecteurs eſt une preuve convaincante de ſon merite.

On y trouve par tout de la nobleſſe dans les ſentimens & dans les expreſſions, qui ſont ſans

PREFACE.

contredit les plus fleuries, & les plus magnifiques que nôtre Langue puisse fournir. On y voit toutes les graces de la Poësie, tous les ornemens & toute la force de l'Eloquence, jointe à un sçavoir profond de l'Antiquité, que l'Auteur employe avec tant d'art, qu'il semble que les choses se soient presentées d'elles-mêmes. Rien ne sent le donneur de préceptes, tout y est riant, tout y engage, & tient un Lecteur attentif jusqu'à la fin, qui vient toûjours trop tôt à son gré.

J'aurois beaucoup d'autres choses à ajoûter sur la conduite sage & édifiante que Mr. de Cambrai garde dans son Diocese, où il gouverne avec une douceur & une force qu'on ne peut trop admirer. Je pourrois m'étendre sur les charitez qu'il fait, sur les instructions qu'il donne à tout son peuple, sur la facilité qu'il y a de l'aborder : mais il suffit de dire, pour faire son caractere en peu de mots, qu'il pratique exactement les maximes qu'il enseigne, & qu'il ne parle dans ce Livre que de l'abondance de son cœur. Je ne doute point que tout ce qu'on a dit ici ne choque la modestie de Mr. de Cambrai ; mais si l'on n'a pas son aveu dans les louanges qu'on vient de lui donner, on est sûr au moins d'avoir celui du Public.

LE SERPENT ET LA LIME.
FABLE
DE MONSIEUR
DE LA FONTAINE,

Adressée aux Auteurs qui ont critiqué les Avantures de Telemaque.

FABLE.

ON conte qu'un Serpent, voisin d'un Horloger
(C'étoit pour l'Horloger un mauvais voisinage)
Entra dans sa boutique, & cherchant à manger,
  N'y rencontra pour tout potage
Qu'une Lime d'acier qu'il se mit à ronger.
Cette Lime lui dit, sans se mettre en colere,
 Pauvre ignorant ! & que prétends-tu faire ?
  Tu te prends à plus dur que toi,
  Petit Serpent à tête folle,
  Plûtôt que d'emporter de moi
  Seulement le quart d'une obole,
  Tu te romprois toutes les dents,
  Je ne crains que celle du tems.

Ceci s'adresse à vous, Esprits du dernier ordre,
Qui n'étant bons à rien, cherchez sur tout à mordre,
  Vous vous tourmentez vainement.
Croyez-vous que vos dents impriment leurs ou-
  trages
  Sur tant de beaux Ouvrages ?
Ils sont pour vous d'airain, d'acier, de diamant.

CONTRE L'AUTEUR DE LA TELEMACOMANIE.

EPIGRAMME.

Qu'une ame tendre & pieuse,
Dans l'excés de son zéle un peu trop scrupuleuse,
S'allarme sans sujet d'un fabuleux Ecrit ;
 Je pardonne à ce foible Esprit.
Mais je ne puis souffrir le scrupule bizarre,
Que forme un Libertin, d'un feint zéle emporté ;
 Et dont on vint à Saint Lazare
 De châtier l'impieté.
 A peine en sort-il, qu'il attaque
 Le sage Auteur de Telemaque,
 Et fait si bien par ses raisons,
Qu'il va de Saint Lazare aux petites Maisons.

Le différend terminé entre les deux Auteurs qui ont critiqué Telemaque.

EPIGRAMME.

G*** & F** ces Critiques fameux,
 Qui contre Telemaque ont fait mainte satire,
Depuis n'a guere ont un debat entr'eux.
Vôtre stile plaisant (dit l'un) est ennuyeux,
Le vôtre, répond l'autre, est d'un pedant crasseux.
 Qui l'auroit ; mais oté dire ?
Ils ont trouvé moyen d'avoir raison tous deux.

SOMMAIRE
DU PREMIER LIVRE.

Telemaque fils d'Ulysse poussé par la tempête, accompagné de Minerve sous la figure de Mentor, arrive dans l'Isle de Calypso, & est trés-bien reçû. Calypso le prie de luy raconter ses avantures, ce qu'il fait, & commence par son départ d'Itaque. Telemaque évite la rencontre de la Flote des Troyens, & aborde en Sicile. Est presenté à Aceste, qui le veut faire immoler sur le tombeau d'Anchise. Mentor prédit à Aceste que dans trois jours il sera attaqué, & luy conseille de se tenir sur ses gardes: Cette prédiction sauve la vie à Telemaque & à Mentor; ils se rembarquent dans un Vaisseau Phenicien, qui est pris par des Egyptiens & conduit en Egypte; ils sont presentez à Sesostris, qui conçoit de l'affection pour Telemaque. Ils sont trahis par Metophis favori du Roy, qui sépare Telemaque de Mentor, & les envoye en esclavage: Telemaque est réduit à garder les Troupeaux, & mene une vie trés-agréable avec les autres Bergers qu'il instruit. Il combat un Lyon, & le tuë: Le bruit de cette action le fait rappeller à la Cour. Il entre dans les bonnes graces du

Roy Sesostris, qui luy promet un Vaisseau pour continuër sa route. Mort de Sesostris. Telemaque est enfermé dans une Tour par Boccoris fils de Sesostris. Mort de Boccoris.

LES AVANTURES DE TELEMAQUE FILS D'ULYSSE.

LIVRE PREMIER.

CAlypso ne pouvoit se consoler du départ d'Ulysse ; dans sa douleur elle se trouvoit malheureuse d'être immortelle. Sa grotte ne résonnoit plus du doux chant de sa voix ; les Nymphes qui la servoient n'osoient lui parler, elle se promenoit souvent seule sur les gazons fleuris, dont un Printems éternel bordoit son Isle ; mais ces beaux lieux loin de moderer sa douleur, ne faisoient que luy rappeller le triste souvenir d'Ulysse qu'elle y avoit vû tant de fois auprés d'elle. Souvent elle demeuroit immobile sur le rivage de la mer qu'elle arrosoit de ses larmes, & elle étoit sans cesse tournée vers le côté où le vaisseau d'Ulysse fendant les ondes avoit disparu à ses yeux. Tout-à-coup elle apperçût les débris d'un Navire qui venoit de faire naufrage, des bancs des rameurs mis en pieces, des rames écartées çà & là sur le sable, un gouvernail, un mât, des cordages flôtans sur la côte : puis elle découvre de loin deux hommes, dont l'un paroissoit âgé, l'autre, quoyque jeune, ressembloit à Ulysse. Il avoit sa douceur & sa fierté, avec sa taille & sa démarche majestueuse. La Déesse comprit que c'étoit Telemaque fils de ce Heros ; mais quoyque les Dieux surpassent de loin en connoissance tous les hommes, elle ne pût découvrir qui étoit cét homme vénérable dont Telemaque étoit accompagné : C'est que les Dieux superieurs cachent aux inferieurs tout ce qui leur plaît ; & que Minerve qui accompagnoit Telemaque sous la figure de Mentor, ne vouloit pas être connuë de Calypso. Cependant Calypso ne se réjoüissoit d'un naufrage qui mettoit dans son Isle le fils d'Ulysse si semblable à son pere, elle s'avance vers lui, & sans faire semblant de sçavoir qui il est : D'où vous vient, lui dit-elle, cette temerité d'aborder dans mon Isle ? Sçachez, jeune étranger, qu'on ne vient pas impunément dans mon Empire : elle tâchoit de couvrir sous ces paroles menaçantes la joie de son cœur qui éclatoit malgré elle sur son visage.

Telemaque lui répondit : O vous ! qui que vous vous soyez, mortelle, ou Déesse, (quoi qu'à vous voir on ne puisse vous prendre que pour une Divinité) seriez-vous insensible au malheur d'un fils, qui cherchant son pere à la merci des vents & des flots, a vû briser son Navire contre vos rochers ? Quel est donc vôtre pere que vous cherchez, reprit la Déesse ? Il se nomme Ulysse, dit Telemaque, c'est un des Rois qui aprés un siége de dix ans a renversé la fameuse Troye, son nom fut celebre dans toute la Grece & dans toute l'Asie par sa valeur dans les combats, & plus encore par sa sagesse dans les conseils. Maintenant errant dans toute l'étenduë des mers, il a parcouru tous les écüeils les plus terribles. Sa patrie semble fuïr devant lui : Penelope sa femme, & moy qui suis son fils, nous avons perdu l'esperance de le revoir. Je cours avec les mêmes dangers que luy pour apprendre où il est ; mais, que dis je ! peutêtre qu'il est maintenant enseveli dans les profonds abîmes de la mer. Ayez pitié de nos malheurs, & si vous sçavez, ô Déesse ! ce que les destinées ont fait pour sauver ou pour perdre Ulysse, daignez instruire son fils Telemaque.

Calypso étonnée & attendrie de voir dans une si vive jeunesse, tant de sagesse & d'éloquence, ne pouvoit rassasier ses yeux en le regardant, & elle demeuroit en silence. Enfin elle lui dit, Telemaque, nous vous apprendrons ce qui est arrivé à vôtre pere, mais l'histoire en est longue. Il est tems de vous délasser de tous vos travaux, venez dans ma démeure, où je vous recevray comme mon fils ; venez, vous serez ma consolation dans cette solitude, & je feray vôtre bonheur, pourvû que vous sçachiez en joüir.

Telemaque suivoit la Déesse environnée d'une foule de jeunes Nymphes au-dessus desquelles elle s'élevoit de toute la tête, comme un grand chêne dans une forêt éleve ses branches épaisses au-dessus de tous les arbres qui l'environnent. Il admiroit l'éclat de sa beauté, la riche pourpre de sa robe longue & flôtante, ses cheveux noüez par derriere négligemment, mais avec grace, le feu qui sortoit de ses yeux, & la douceur qui temperoit cette vivacité. Mentor les yeux baissez gardant un silence modeste, suivoit Telemaque.

On arriva à la porte de la Grote de Calypso, où Telemaque fut surpris de voir avec une apparence de simplicité rustique tout ce qui peut charmer les yeux. On n'y voyoit ny or, ny argent, ny marbre, ny colonnes, ny tableaux, ny statuës. Cette Grotte étoit taillée dans le roc en voûtes pleines de rocailles & de coquilles, elle étoit tapissée d'une jeune vigne qui étendoit ses branches souples également de tous côtez : les doux Zephirs conservoient en ce lieu malgré les ardeurs du Soleil, une délicieuse fraîcheur ; des fontaines coulant avec un doux murmure sur des prez semez d'amaranthes & de violettes, formoient en divers lieux des bains aussi purs & aussi clairs que le cristal ; mille fleurs naissantes émailloient les tapis verds dont la Grotte étoit environnée. Là on trouvoit un bois de ces arbres toufus qui portent des pommes d'or, & dont la fleur qui se renouvelle dans toutes les saisons, répand le plus doux de tous les parfums. Ce bois sembloit couronner ces belles prairies, & formoit une nuit que les rayons du Soleil ne pouvoient percer ; là on n'entendoit jamais que le chant des oiseaux, ou le bruit d'un ruisseau, qui se précipitant du haut d'un rocher, tomboit à gros boüillons pleins d'écume, & s'enfuyoit à travers la prairie.

La Grotte de la Déesse étoit sur le penchant d'une coline, de-là on découvroit la mer quelquefois claire & unie comme une glace, quelquefois follement irritée contre les rochers, où elle se brisoit en gémissant & élevant ses vagues comme des montagnes : d'un autre côté on voyoit une riviere où se formoient des Isles bordées de tilleuls fleuris, & de hauts peupliers qui portoient leurs têtes superbes jusques dans les nuës. Les divers canaux qui formoient ces Isles, sembloient se joüer dans la campagne, les uns rouloient leurs eaux claires avec rapidité, d'autres avoient une eau paisible & dormante, & d'autres par de longs détours revenoient sur leurs pas, comme pour remonter vers leur source, & sembloient ne pouvoir quitter ces bords enchantez : on appercevoit de loin des colines & des montagnes qui se perdoient dans les nuës, & dont la figure bizare formoit un horison à souhait pour le plaisir des yeux. Les montagnes voisines étoient couvertes de pampre verd qui pendoit en feston ; le raisin plus éclatant que la pourpre, ne pouvoit se cacher sous les feüilles épaisses de la vigne accablée sous son fruit. Le Figuier, l'Olivier, le Grenadier, & tous les autres arbres couvroient la campagne, & en faisoient un grand Jardin.

Calypso ayant montré à Telemaque toutes ces beautez naturelles, lui dit : Reposez-vous, vos habits sont moüillez, il est tems que vous en changiez, ensuite nous nous reverrons, & je vous raconteray des histoires dont vôtre cœur sera touché : En même tems elle le fit entrer avec Mentor dans le lieu le plus secret & le plus reculé d'une Grote voisine de celle où la Déesse demeuroit. Les Nymphes avoient eû soin d'allumer en ce lieu un grand feu de bois de cedre, dont la bonne odeur se répandoit de tous côtez, & elles y avoient laissé des habits pour les nouveaux hôtes. Telemaque voyant qu'on lui avoit destiné une tunique d'une laine fine, dont la blancheur effaçoit celle de la neige, & une robe de pourpre avec une broderie d'or, prit le plaisir qui est naturel à un jeune homme, en considerant cette magnificence.

Mentor lui dit d'un ton grave & sevère : Est-ce donc-là, ô ! Telemaque, les pensées qui doivent occuper le cœur du fils d'Ulysse ? Songez plûtôt à soûtenir la réputation de vôtre pere, & à vaincre la fortune qui vous persecute. Un jeune homme qui aime à se parer vainement comme une femme, est indigne de la sagesse & de la gloire. La gloire n'est dûë qu'à un cœur qui sçait souffrir la peine & fouler aux pieds les plaisirs.

Telemaque répondit en soûpirant : Que le Dieux me fassent perir plûtôt que de souffrir que la molesse & la volupté s'emparent de mon cœur. Non, non, le fils d'Ulysse ne sera jamais vaincu par les charmes d'une vie lâche & effeminée : mais quelle faveur du Ciel nous a fait trouver aprés nôtre naufrage cette Déesse ou cette mortelle qui nous comble de biens ?

Craignez, lui repartit Mentor, qu'elle ne vous accable de maux, craignez ses troupeuses douceurs plus que les écüeils qui ont brisé vôtre Navire. Le naufrage & la mort sont moins affreux que les plaisirs qui attaquent la vertu ; gardez-vous bien de croire ce qu'elle vous racontera : la jeunesse est présomptueuse, elle se promet tout d'elle-même ; quoyque fragile, elle croit pouvoir tout, & n'avoir jamais rien à craindre ; elle se confie legerement & sans précaution. Gardez-vous d'écouter les paroles douces & flâteuses de Calypso, qui se glisseront avec plaisir dans vôtre cœur, craignez le poison caché ; défiez-vous de vous-même, & attendez toûjours mes conseils.

Ensuite ils retournerent auprés de Calypso qui les attendoit. Les Nymphes avec leurs cheveux tressez & des habits blancs, servirent d'abord un repas simple, mais exquis pour le goût & pour la propreté. On n'y voyoit aucune autre viande que des oiseaux qu'elles avoient pris dans les filets, ou des bêtes qu'elles avoient percées de leurs fléches à la chasse ; un vin plus doux que le Nectar, couloit des grands vases d'argent dans des tasses d'or couronnées de fleurs. On apporta dans des corbeilles tous les fruits que le Printems promet, & que l'Automne répand sur la terre. En même tems quatre jeunes Nymphes se mirent à chanter. D'abord elles chanterent le combat des Dieux contre les Geants, puis les amours de Jupiter & Semelé, la naissance de Bachus & son éducation conduite par le vieux Silene, la course d'Hippomene & d'Atalante, qui fut vaincuë par le moyen des pommes d'or cueillies au jardin des Hesperides. Enfin la guerre de Troye fut aussi chantée, les combats d'Ulysse & sa sagesse furent élevez jusqu'aux Cieux. La premiere des Nymphes qui s'appelloit Leucothoé, joignit les accords de sa lyre à ces douces voix. Quand Telemaque entendit le nom de son pere, les larmes qui coûlerent le long de ses jouës, donnerent un nouveau lustre à sa beauté. Mais comme Calypso aperçût qu'il ne pouvoit manger & qu'il étoit saisi de douleur, elle fit signe aux Nymphes, & à l'instant on chanta le combat des Centaures avec les Lapites, & la descente d'Orphée aux Enfers, pour en tirer sa chere Euridice. Quand le repas fut fini, la Déesse prit Telemaque, & lui parla ainsi.

Vous voyez, Fils du grand Ulysse, avec quelle faveur je vous reçois ici; Je suis immortelle. Nul mortel ne peut entrer dans cette Isle sans être puni de sa temerité; & vôtre naufrage même ne vous garantiroit pas de mon indignation, si d'ailleurs je ne vous aimois. Vôtre pere a eû le même bonheur que vous; mais helas! il n'a pas sçû en profiter. Je l'ai gardé long-tems dans cette Isle, il n'a tenu qu'à lui d'y vivre avec moi dans un état immortel; mais l'aveugle passion de revoir sa miserable patrie, lui fit rejetter tous ces avantages. Vous voyez tout ce qu'il a perdu pour revoir Itaque qu'il ne reverra jamais. Il voulut me quitter, il partit, & je fus vengée par la tempête. Son Vaisseau aprés avoir été le jouët des vents, fut enseveli dans les ondes. Profitez d'un si triste exemple, aprés son naufrage vous n'avez plus rien à esperer ni pour le revoir, ni pour regner jamais dans l'Isle d'Itaque aprés. Consolez-vous de l'avoir perdu, puisque vous trouvez une Divinité prête à vous rendre heureux, &

un Royaume qu'elle vous offre. La Déesse ajoûta à ces paroles de longs discours, pour raconter combien Ulysse avoit été heureux auprés d'elle, elle raconta ses avantures dans la caverne du Cyclope Poliphème, & les Antiphates Roy des Lestrigons ; elle n'oublia point ce qui étoit arrivé dans l'Isle de Circé fille du Soleil, & les dangers qu'il avoit courus entre Scille & Charibde. Elle representa la derniere tempête que Neptune avoit excitée contre lui, quand il partit d'auprés d'elle, elle voulut faire entendre qu'il étoit peri dans le naufrage, & elle supprima son arrivée dans l'Isle des Pheaciens.

Telemaque qui s'étoit d'abord abandonné trop promptement à la joye d'être si bien traité par Calypso, reconnut enfin son artifice & la sagesse des conseils que Mentor venoit de luy donner : il répondit en peu de mots, ô Déesse ! pardonnez à ma douleur, maintenant je ne puis que m'affliger ; peut-être que dans la suite j'aurai plus de force pour goûter la fortune que vous m'offrez, laissez-moi en ce moment pleurer mon pere, vous sçavez mieux que moi combien il merite d'être pleuré.

Calypso n'osa d'abord le presser davantage, elle feignit même d'entrer dans sa douleur, & de s'attendrir pour Ulysse ; mais pour mieux connoître les moyens de toucher son cœur, elle lui demanda comment il avoit fait naufrage, & par quelles avantures il étoit sur ses côtes. Le recit de mes malheurs, dit-il, seroit trop long : Non, non, répondit-elle, il me tarde de les sçavoir, hâtez-vous de me les raconter, elle le pressa long-temps. Enfin il ne pût resister, & il parla ainsi.

J'étois parti d'Itaque pour aller demander aux autres Rois revenus du siége de Troye, des nouvelles de mon pere. Les Amans de ma mere Penelope furent surpris de mon départ, j'avois pris soin de le leur cacher, connoissant leur perfidie. Nestor, que je vis à Pylos, ny Menelas qui me reçût avec amitié dans Lacedemone, ne pûrent m'apprendre si mon pere étoit encore en vie. Lassé de vivre toûjours en suspens & dans l'incertitude, je me resolus d'aller dans la Sicile, où j'avois oüi dire que mon pere avoit été jetté par les vents. Mais le sage Mentor que vous voyez icy present, s'opposoit à ce temeraire dessein, il me representoit d'un côté les Cyclopes, Geans monstreux qui devorent les hommes, de l'autre la Flote d'Enée & des Troyens qui étoient sur ces côtes. Les Troyens, disoit-il, sont ranimez contre tous les Grecs ; mais sur tout ils répandroient avec plaisir le sang du fils d'Ulysse. Retournez, continuoit-il, en Itaque, peut-être que vôtre pere, aimé des Dieux, y sera aussi-tôt que vous ; mais si les Dieux ont resolu sa perte, s'il ne doit jamais revoir sa patrie, du moins il faut que vous alliez le venger, délivrer vôtre mere, montrer vôtre sagesse à tous les peuples, & faire voir en vous à toute la Grece un Roy aussi digne de regner que le fut jamais Ulysse luy-même. Ces paroles étoient salutaires, mais je n'étois pas assez prudent pour les écouter, je n'écoutois que ma passion, & le sage Mentor m'aima jusqu'à me suivre dans un voyage temeraire que j'entreprenois contre ses conseils.

Pendant qu'il parloit, Calypso regardoit Mentor, elle étoit étonnée, elle croyoit sentir en luy quelque chose de divin ; mais elle ne pouvoit démêler ses pensées confuses : ainsi elle demeuroit pleine de crainte & de défiance à la vûë de cét inconnu ; mais elle apprehenda de laisser voir son trouble. Continuez, dit-elle à Telemaque, & satisfaites ma curiosité. Telemaque reprit ainsi.

Nous eûmes assez long-temps un vent favorable pour aller en Sicile ; mais ensuite une noire tempête déroba le Ciel à nos yeux, & nous fûmes envelopez dans une profonde nuit : à la lueur des éclairs nous apperçûmes d'autres Vaisseaux exposez au même peril, & nous reconnûmes bien-tôt que c'étoient les Vaisseaux d'Enée, ils n'étoient pas moins à craindre pour nous, que les rochers. Alors je compris, mais trop tard, ce que l'ardeur d'une jeunesse imprudente m'avoit empêché de considerer attentivement. Mentor parut dans ce danger non-seulement ferme

& intrepide, mais plus gay qu'à l'ordinaire, c'étoit luy qui m'encourageoit : je sentois qu'il m'inspiroit une force invincible : il donnoit tranquillement tous les ordres, pendant que le Pilote étoit troublé. Je lui disois : Mon cher Mentor, pourquoi ay-je refusé de suivre vos conseils ? Ne suis-je pas bien malheureux d'avoir voulu me croire moy-même dans un âge où l'on n'a ny prévoyance de l'avenir, ny l'experience du passé, ny moderation pour ménager le present ? O ! si jamais nous échapons de cette tempête, je me défieray de moy-même comme de mon plus dangereux ennemy ! C'est vous, Mentor, que je croiray toûjours. Mentor en soûriant me répondit : Je n'ay garde de vous reprocher la faute que vous avez faite, il suffit que vous la sentiez, & qu'elle vous serve à être une autrefois plus moderé dans vos desirs. Mais quand le peril sera passé, la présomption reviendra peut-être : maintenant il faut se soûtenir par le courage. Avant que de se jetter dans le peril il faut le prévoir & le craindre, mais quand on y est, il ne reste plus qu'à le mépriser. Soyez donc le digne fils d'Ulysse, montrez un cœur plus grand que tous les maux qui vous menacent. La douceur & le courage du sage Mentor me charmerent ; mais je fus encore bien plus surpris, quand je vis avec quelle adresse il nous délivra.

Dans le moment où le Ciel commençoit à

s'éclaircir, & que les Troyens nous voyant de prés, n'auroient pas manqué de nous reconnoître, il remarqua un de leurs Vaisseaux que la tempête avoit écarté, & dont la pouppe étoit couronnée de certaines fleurs. Il se hâta de mettre sur nôtre pouppe des couronnes de fleurs semblables, il les attacha luy-même avec des bandelettes de la même couleur que celle des Troyens. Il ordonna à tous nos Rameurs de se baisser le plus qu'ils pourroient le long de leurs bancs, pour n'être point reconnus des ennemis ; en cét état nous passâmes au milieu de leur Flote ; ils poufferent de longs cris de joye en nous voyant, comme en revoyant les compagnons qu'ils avoient perdus : nous fûmes même contraints par la violence de la mer d'aller assez long-tems avec eux ; enfin nous demeurâmes un peu derriere : & pendant que les vents impetueux les poussoient vers l'Affrique, nous fîmes les derniers efforts pour aborder à force de rames sur la côte voisine de la Sicile.

Nous y arrivâmes en effet, mais ce que nous cherchions, n'étoit guéres moins funeste que la Flote qui nous faisoit fuïr. Nous trouvâmes sur cette côte de Sicile d'autres Troyens ennemis des Grecs ; c'étoit-là que regnoit le vieux Aceste sorty de Troye. A peine fûmes-nous arrivez sur ce rivage, que les habitans crûrent que nous étions, ou d'autres peuples de l'Isle armez pour les surprendre, ou des étrangers qui venoient s'emparer de leurs terres. Ils brûlent nôtre Vaisseau dans le premier emportement, ils égorgent tous nos compagnons, ils ne reservent que Mentor & moy pour nous presenter à Aceste, afin qu'il pût sçavoir de nous quels étoient nos desseins, & d'où nous venions. Nous entrons dans la Ville les mains liées derriere le dos, & nôtre mort n'étoit retardée que pour nous faire servir de spectacle à un peuple cruel, quand on sçauroit que nous étions Grecs.

On nous presenta d'abord à Aceste, qui tenant son Sceptre d'or en main, jugeoit les peuples & se preparoit à un grand sacrifice. Il nous demanda d'un ton severe quel étoit nôtre pays, & le sujet de nôtre voyage? Mentor se hâta de répondre, & luy dit : Nous venons des côtes de la grande Hesperie, & nôtre patrie n'est pas loin de-là, ainsi il évita de dire que nous étions Grecs. Mais Aceste sans l'écouter davantage, & nous prenant pour des étrangers qui cachoient leur dessein, ordonna qu'on nous envoyât dans une Forêt voisine où nous servirions en esclave sous ceux qui gouvernoient les troupeaux. Cette condition me parut plus dure que la mort ; je m'écriay : O Roy ! faites-nous mourir plûtôt que de nous traiter si indignement ; sçachez que je suis Telemaque fils du sage Ulysse, Roy des Itaciens ; je cherche mon pere dans toutes les mers : si je ne puis ny le trouver, ny retourner dans ma patrie, ny éviter la servitude, ôtez-moy la vie que je ne sçaurois supporter.

A peine eûs-je prononcé ces mots, que tout le peuple émû s'écria, qu'il faloit faire perir le fils de ce cruel Ulysse, dont les artifices avoient renversé la ville de Troye. O fils d'Ulysse ! me dit Aceste, je ne puis refuser vôtre sang aux manes de tant de Troyens que vôtre pere a précipitez sur les rivages du noir Cocyte. Vous & celui qui vous méne, vous perirez. En même temps un vieillard de la troupe proposa au Roy de nous immoler sur le tombeau d'Anchise. Leur sang, disoit-il, sera agréable à l'Ombre de ce Heros ; Enée même quand il sçaura un tel sacrifice, sera touché de voir combien vous aimez ce qu'il avoit de plus cher au monde. Tout le monde aplaudit à cette proposition, & on ne songea plus qu'à nous immoler ; déja on nous menoit sur le tombeau d'Anchise, on avoit dressé deux Autels, où le feu Sacré étoit allumé : Le glaive qui devoit nous percer étoit devant nos yeux, on nous avoit couronné de fleurs, & nulle compassion ne pouvoit garantir nôtre vie, c'étoit fait de nous, quand Mentor demanda tranquillement à parler au Roy ; il lui dit : O Aceste ! si le malheur du jeune Telemaque qui n'a jamais porté les armes contre les Troyens, ne vous peut toucher, du moins que vôtre propre interêt vous touche. La science que j'ai acquise des presages & de la la volonté des Dieux, me fait connoître qu'avant que trois jours soient écoulez, vous serez attaqué par des peuples Barbares qui viennent comme un torrent du haut des montagnes pour innonder vôtre Ville, & pour ravager tout vôtre païs : hâtez-vous de les prévenir, mettez vos peuples sous les armes, & ne perdez pas un moment pour retirer au-dedans de vos murailles les riches troupeaux que vous avez dans la campagne ; si ma prédiction est fausse, vous serez libre de nous immoler dans trois jours ; si au contraire elle est veritable, souvenez-vous qu'on ne doit pas ôter la vie à ceux de qui on la tient.

Aceste fut étonné de ces paroles que Mentor lui disoit avec une assurance qu'il n'avoit jamais trouvée en aucun homme. Je vois bien, répondit-il, ô étranger, que les Dieux qui vous ont si mal partagé pour tous les dons de la fortune, vous ont accordé une sagesse qui est plus estimable que toutes les prosperitez. En même tems il retarda le sacrifice, & donna avec diligence les ordres necessaires pour prévenir l'attaque dont Mentor l'avoit menacé. On ne voyoit de tous côtez que des femmes tremblantes, des vieillards courbez, des petits enfans les larmes aux yeux qui se retiroient dans la Ville. Les bœufs mugissans & les brebis belantes venoient en foule, quittant les gras pâturages, & ne pouvant trouver assez d'étables pour être mis à couvert, c'étoit de toutes parts des bruits confus de gens qui se poussoient les uns les autres, qui ne pouvoient s'entendre, qui prenoient dans ce trouble un inconnu pour leur ami, & qui couroient sans sçavoir où tendoient leurs pas. Mais les principaux de la Ville se croyans plus sages que les autres, s'imaginoient que Mentor étoit un imposteur qui avoit fait une fausse prédiction pour sauver sa vie. Avant la fin du troisiéme jour, pendant qu'ils étoient pleins de ces pensées, on vit sur le penchant des montagnes voisines un tourbillon de poussiere ; on apperçût une troupe innombrable de Barbares armez: ceux qui avoient méprisé la sage prédiction de Mentor perdirent leurs esclaves & leurs tronpeaux. Le Roy dit à Mentor : J'oublie que vous êtes des Grecs. Nos ennemis deviennent nos amis fideles ; les Dieux vous envoyent pour nous sauver ; je n'attens pas moins de vôtre valeur que de la sagesse de vos paroles, hâtez-vous de nous secourir.

Mentor montre dans ses yeux une audace qui étonne les plus fiers combatans. Il prend un bouclier, un casque, une épée, une lance : il range les soldats d'Aceste, il marche à leur tête, & s'avance en bon ordre vers les ennemis. Aceste, quoy-que plein de courage, ne peut dans sa vieillesse le suivre que de loin ; je le suis de plus prés, mais je ne puis égaler sa valeur, sa cuirasse ressembloit dans le combat à l'immortelle Egide. La mort couroit de rang en rang par tout sous ses coups, semblable à un Lyon de Numidie que la cruelle faim devore, & qui entre dans un troupeau de foibles brebis ; il déchire, il égorge, il nage dans le sang, & les Bergers loin de secourir le troupeau, fuyent tremblans pour se dérober à sa fureur.

Ces Barques qui esperoient de surprendre la Ville, furent eux-mêmes surpris, & déconcertez. Les Sujets d'Aceste furent animez par l'exemple & par les paroles de Mentor, & eurent une vigueur dont ils ne se croyoient point capables : de ma lance je renversay le fils du Roy de ce peuple ennemy; il étoit de mon âge, mais il étoit plus grand que moi : car ce peuple venoit d'une race de Geants qui étoient de la même origine que les Cyclopes. Il méprisoit un ennemi aussi foible que moy ; mais sans m'étonner de sa force prodigieuse, ny de son air sauvage & brutal, je poussay ma lance contre sa poîtrine, & je luy fis vomir avec des torrens de sang noir & fumant, son ame cruelle : en tombant il pensa m'écraser dans sa chûte ; le bruit de ses armes retentit jusqu'aux montagnes : je pris ses dépoüilles, & je revins à Aceste avec les armes du mort que j'avois enlevées. Mentor ayant achevé de mettre les ennemis en desordre, les tailla en pieces, & poussa les fuyards jusques dans les forêts. Un succez si inesperé fit regarder Mentor comme un homme chery & inspiré des Dieux.

Aceste touché de reconnoissance, nous dit qu'il craignoit tout pour nous si les Vaisseaux d'Enée venoient en Sicile, il nous en donna un pour retourner en nôtre païs, nous combla de presens, & nous pressa de partir pour prevenir tous les malheurs; mais il ne voulut nous donner ni un Pilote ni des Rameurs de sa Nation, de peur qu'il ne fussent trop exposez sur les côtes de la Grece. Il nous donna des Marchands Pheniciens, qui étant en commerce avec tous les peuples du monde, n'avoient rien à caaindre, & qui devoient ramener le Vaisseau à Aceste quand ils nous auroient laissez en Itaque. Mais les Dieux qui se joüent des desseins des hommes, nous reservoient à d'autres dangers.

Les Tyriens par leur fierté avoient irrité contr'eux le Roy Sesostris qui regnoit en Egypte, & qui avoit conquis tant de Royaumes. Les richesses qu'ils ont acquises par le commerce & la force de l'imprenable Tyr, située dans la mer, avoient enflé le cœur de ces peuples: ils avoient refusé de payer à Sesostris le tribut qu'il leur avoit imposé en revenant de ses conquêtes, & ils avoient fourni des troupes à son frere, qui avoit voulu à son retour le massacrer au milieu des réjoüissances d'un grand festin. Sesostris avoit résolu pour abattre leur orgueil, de ruïner leur commerce, & les troubler dans toutes les mers. Ses Vaisseaux alloient de tous côtez, cherchant les Phéniciens. Une Flote Egyptienne nous rencontra, comme nous commencions à perdre de vûë les montagnes de la Sicile, le port & la terre sembloient fuïr derriere nous & se perdre dans les nuës. En même temps nous voyons approcher les Navires des Egyptiens semblables à une Ville flotante. Les Pheniciens les reconnurent & voulurent s'en éloigner, mais il n'étoit plus temps. Leurs voiles étoient meilleures que les nôtres, le vent les favorisoit, leurs Rameurs étoient en plus grand nombre: ils nous abordent, ils nous prennent, & nous emmennent prisonniers en Egypte. En vain je leur representay que je n'étois pas Phenicien, à peine daignerent-ils m'écouter, ils nous regarderent comme des esclaves dont les Pheniciens trafiquoient, & ne songerent qu'au profit d'une telle prise. Nous arrivons à l'Isle de Pharos, de-là nous remontons le Nil jusqu'à Memphis. Si la douleur de nôtre captivité ne nous eût rendus insensibles à tous les plaisirs, nos yeux auroient été charmez de voir cette fertile terre d'Egypte semblable à un jardin délicieux, arrosé d'un nombre infini de Canaux. Nous ne pouvions jetter les yeux sur les deux rivages, sans appercevoir des Isles opulentes, des Maisons de campagne agréablement situées, des terres qui se couvroient tous les ans d'une moisson dorée sans se reposer jamais: des prairies pleines de troupeaux, des Laboureurs qui étoient accablez sous le poids des fruits qu'ils avoient semez ; des Bergers qui faisoient repeter les doux sons de leurs flûtes & de leurs chalumeaux à tous les Echos d'alentour.

Heureux, disoit Mentor, le peuple qui est conduit par un sage Roy ! Il est dans l'abondance, il vit heureux, & aime celui à qui il doit tout son bonheur. C'est ainsi, ajoûtoit-il, ô Telemaque, que vous devez regner, & faire la joye de vos peuples. Si jamais les Dieux vous font posseder le Royaume de vôtre pere, aimez vos peuples comme vos enfans, goûtez le plaisir d'être aimé d'eux, & faites qu'ils ne puissent jamais sentir la paix & la joye sans se ressouvenir que c'est un bon Roy qui leur a fait ces riches presens. Les Rois qui ne songent qu'à se faire craindre & qu'à abatre leurs Sujets pour les rendre plus soûmis, sont les fléaux du genre humain ; ils sont craints comme ils veulent être, mais ils sont haïs, détestez ; & ils ont encore plus à craindre de leurs Sujets, que leurs Sujets n'ont à craindre d'eux.

Je répondois à Mentor : Helas ! il n'est pas question de songer aux maximes avec lesquelles on doit regner. Il n'y a plus d'Itaque pour nous, nous ne reverrons jamais ni nôtre patrie ni Penelope, & quand même Ulysse retourneroit plein de gloire dans son Royaume, il n'aura jamais de joye de m'y voir ; jamais je n'auray celle de luy obéir pour apprendre à commander. Mourons, mon cher Mentor, nulle autre pensée ne nous est plus permise, mourons, puisque les Dieux n'ont aucune pitié de nous. En parlant ainsi, de profonds soûpirs entrecoupoient toutes mes paroles. Mais Mentor qui craignoit les maux avant qu'ils arrivassent, ne sçavoit plus ce que c'étoit que de les craindre dés qu'ils étoient arrivez.

Indigne fils du sage Ulysse, s'écrioit-il ! Quoy donc ! vous vous laissez vaincre à vôtre malheur ? Sçachez que vous reverrez un jour l'Isle d'Itaque & Penelope. Vous verrez même dans sa premiere gloire celuy que vos yeux n'ont jamais vû, l'invincible Ulysse, que la fortune peut abatre, & qui dans ses malheurs encore plus grands que les vôtres, vous apprend à ne vous décourager jamais : O ! s'il pouvoit apprendre dans les terres éloignées où la tempête l'a jetté, que son fils ne sçait imiter ni sa patience, ni son courage, cette nouvelle l'accableroit de honte, & lui seroit plus rude que tous les malheurs qu'il souffre depuis si long-temps.

Ensuite Mentor me faisoit remarquer la joye & l'abondance répanduë dans toute la Camagne d'Egypte, où l'on comptoit jusqu'à vingt-deux mille Villes : il admiroit la bonne police de ces Villes, la justice exercée en faveur du pauvre contre le riche, la bonne éducation des enfans qu'on accoûtumoit à l'obéïssance, au travail, à la sobrieté, à l'amour des arts ou des lettres, l'exactitude pour toutes les ceremonies de la Religion, le desinteressement, le desir de l'honneur, la fidelité pour les hommes, & la crainte pour les Dieux que chaque pere inspiroit à ses enfans. Il ne se lassoit point d'admirer ce bel ordre. Heureux, me disoit-il sans cesse, le peuple qu'un sage Roy conduit ainsi ! mais encore plus heureux le Roy qui fait le bonheur de tant de peuples, & qui trouve le sien dans sa vertu ! il est plus que craint, car il est aimé ; non-seulement on luy obéït, mais encore on aime à luy obéïr. Il est le Roy de tous les cœurs. Chacun bien loin de vouloir s'en défaire, craint de le perdre, & donneroit sa vie pour luy. Je remarquois ce que disoit Mentor, & sentois renaître mon courage au fond de mon cœur à mesure que ce sage amy me parloit.

Aussi-tôt que nous fûmes arrivez à Memphis, Ville opulente, riche & magnifique, le Gouverneur ordonna que nous irions jusqu'à Thebes pour être presentez au Roy Sesostris, qui vouloit examiner les choses par luy-même, & qui étoit fort animé contre les Tyriens. Nous remontâmes donc encore le long du Nil, jusqu'à cette fameuse Thebes à cent portes, où habitoit ce grand Roy. Cette Ville nous parût d'une étenduë immense

& plus peuplée que les plus florissantes Villes de la Grece. La police y est parfaite pour la propreté des ruës, pour le cours des eaux, pour la conduite des bains, pour la culture des Arts, pour la sûreté publique ; les places sont ornées de fontaines & d'obelisques, les Temples sont de marbre, & d'une architecture simple, mais majestueuse. Le Palais du Prince est luy seul comme une grande Ville, on n'y voit que colonnes de marbre, que pyramides, que statuës colossales, que meubles d'or & d'argent massifs.

Ceux qui nous avoient pris, dirent au Roy que nous avions été trouvez dans un Navire Phenicien. Il écoutoit tous les jours à certaines heures réglées tous ceux de ses Sujets qui avoient ou des plaintes à luy faire, ou des avis à luy donner. Il ne méprisoit ni ne rebutoit personne, & ne croyoit être Roy que pour faire du bien à ses Sujets, qu'il aimoit comme ses enfans. Pour les Etrangers, il les recevoit avec bonté, & vouloit les voir, parce qu'il croyoit qu'on apprenoit toûjours quelque chose d'utile, en s'instruisant des mœurs & des maximes des autres peuples éloignez.

Cette curiosité du Roy fit qu'on nous presenta à luy ; quand il me vit, il étoit sur un Trône d'yvoire, tenant en sa main un Sceptre d'or ; il étoit déja vieux, mais agréable, plein de douceur & de majesté ; il jugeoit tous les jours les peuples avec une patience & une sagesse qu'on admiroit sans flâterie : après avoir travaillé toute la journée à regler les affaires, & à rendre une exacte justice, il se délassoit le soir à écouter des hommes sçavans ou à converser avec les plus honnêtes gens, qu'il sçavoit bien choisir pour les admettre dans sa familiarité. On ne pouvoit luy reprocher dans toute sa vie, que d'avoir triomphé avec trop de faste des Rois qu'il avoit vaincus, & de s'être confié à un de ses Sujets que je vous dépeindrai tout à l'heure. Il fut touché de ma jeunesse & de ma douleur, il me demanda ma patrie & mon nom ; nous fûmes étonnez de la sagesse qui parloit par sa bouche, je luy répondis : O ! grand Roy, vous n'ignorez pas le siége de Troye qui a duré dix ans, & sa ruïne qui a coûté tant de sang à toute la Grece ; Ulysse mon pere a été un des principaux Rois qui ont ruïné cette Ville, il erre sur toutes les mers sans pouvoir trouver l'Isle d'Itaque qui est son Royaume : je le cherche, un malheur semblable au sien, fait que j'ay été pris, rendez-moy à mon pere & à ma patrie. Ainsi puissent les Dieux vous conserver à vos enfans, & leur faire sentir la joye de vivre sous un si bon pere.

Sesostris continuoit à me regarder d'un œil de compassion, mais voulant sçavoir si ce que je disois étoit vray, il nous renvoya à un de ses Officiers qui fut chargé de sçavoir de ceux qui avoient pris nôtre Vaisseau, si nous étions effectivement, ou Grecs ou Pheniciens. S'ils sont Pheniciens, dit le Roy, il faut doublement les punir pour être nos ennemis, & plus encore pour avoir voulu nous tromper par un lâche mensonge : si au contraire ils sont Grecs, je veux qu'on les traite favorablement, & qu'on les renvoye dans leur païs sur un de mes Vaisseaux, car j'aime la Grece, plusieurs Egyptiens y ont donné des Loix, je connois la vertu d'Hercule, la gloire d'Achile est parvenuë jusqu'à nous, & j'admire ce qu'on m'a raconté de la sagesse du malheureux Ulysse : tout mon plaisir est de secourir la vertu malheureuse.

L'Officier auquel le Roy renvoya l'examen de nôtre affaire, avoit l'ame aussi corrompuë & aussi artificieuse que Sesostris étoit sincere & genereux : cét Officier se nommoit Metophis : il nous interrogea pour tâcher de nous surprendre, & comme il vit que Mentor répondoit avec plus de sagesse que moy, il le regarda avec aversion & avec défiance, car les méchans s'irritent contre les bons : il nous sépara, & depuis ce temps-là je ne sçûs ce qu'étoit devenu Mentor. Cette séparation fut un coup de foudre pour moy. Metophis esperoit toûjours qu'en nous questionnant séparément il pourroit nous faire dire des choses contraires, sur tout il croyoit m'éblouïr par ses promesses flâteuses, & me faire avoüer ce que Mentor luy auroit caché. Enfin il ne cherchoit pas de bonne foy la verité, mais il vouloit trouver quelque prétexte de dire au Roy que nous étions Pheniciens, pour nous faire ses esclaves. En effet, malgré nôtre innocence & malgré la sagesse du Roy, il trouva le moyen de le tromper. Helas! A quoi les Rois sont-ils exposez? Les plus sages sont souvent surpris par des hommes artificieux & interessez qui les environnent, les bons se retirent parce qu'ils ne sont, ni empressez, ni flâteurs; les bons attendent qu'on les cherche, & les Princes ne sçavent guéres les aller chercher: au contraire, les méchans sont hardis, trompeurs, empressez à s'insinuer & à plaire, adroits à dissimuler, prêts à tout faire contre l'honneur & la conscience pour contenter les passions de celui qui régne. O! qu'un Roy est malheureux d'être exposé aux artifices des méchans! il est perdu s'il ne repousse la flâterie, & s'il n'aime ceux qui disent hardiment la verité. Voila les réfléxions que je faisois dans mon malheur, & je rappellois tout ce que j'avois oüi dire à Mentor. Cependant Metophis m'envoya vers les montagnes du desert avec ses esclaves, afin que je servisse avec eux à conduire ses grands troupeaux.

En cét endroit Calypso interrompit Telemaque, disant: Eh bien! que fîtes-vous alors, vous qui aviez préferé en Sicile la mort à la servitude? Telemaque répondit: Mon malheur croissoit toûjours, je n'avois plus la misérable consolation de choisir entre la servitude & la mort ; il falut être esclave, & épuiser, pour ainsi dire, toutes les rigueurs de la fortune ; il ne me restoit plus aucune esperance, & je ne pouvois pas même dire un mot pour me délivrer. Mentor m'a dit depuis qu'on l'avoit vendu à des Ethiopiens, & qu'il les avoit suivis en Ethiopie.

Pour moy j'arrivai dans des deserts affreux ; on y voit des sables brûlans au milieu des plaines, des neiges qui ne fondent jamais, & qui font un Hyver perpetuel sur le sommet des montagnes ; on trouve seulement pour nourrir les troupeaux des pâturages parmi les rochers, vers le milieu de ces montagnes escarpées, les vallées sont si profondes, qu'à peine le Soleil y peut faire luire ses rayons. Je ne trouvai d'autres hommes dans ce païs, que des Bergers aussi sauvages que le païs même. Là je passois les nuits à déplorer mon malheur, & les jours à suivre un troupeau pour éviter la fureur brutale d'un premier esclave, qui esperant d'obtenir sa liberté accusoit sans cesse les autres pour faire valoir à son Maître son zéle & son attachement à ses interêts. Cét esclave se nommoit Bussus : je devois succomber dans cette occasion ; La douleur me pressant, j'oubliai un jour mon troupeau, & je m'étendis sur l'herbe auprés d'une caverne où j'attendois la mort, ne pouvant plus supporter mes peines. En ce moment, je remarquay que toute la montagne trembloit, les chênes & les pins sembloient décendre du sommet de la montagne, les vents retenoient leur haleine: une voix mugissante sortit de la caverne & me fit entendre ces paroles: Fils du sage Ulysse, il faut que tu deviennes comme lui grand par la patience. Les Princes qui ont toûjours été heureux, ne sont guéres dignes de l'être, la molesse les corrompt, l'orgueil les enyvre. Que tu seras heureux, si tu surmontes ces malheurs, & si tu ne les oublie jamais! Tu verras Itaque, & ta gloire montera jusqu'aux Astres. Quand tu seras le maître des autres hommes, souviens-toi que tu as été foible, pauvre & souffrant comme eux; prens plaisir à les soulager, aime ton peuple, déteste la flâterie, & sçache que tu ne seras grand qu'autant que tu seras moderé & courageux pour vaincre tes passions.

Ces paroles divines entrerent jusqu'au fond de mon cœur, elles y firent renaître la joye & le courage; je ne sentis point cette horreur qui fait dresser les cheveux sur la tête, & qui glace le sang dans les veines, quand les Dieux se communiquent aux mortels. Je me levay tranquille, j'adoray à genoux, les mains levées vers le Ciel, Minerve, à qui je crûs devoir cét oracle. En même temps je me trouvay un nouvel homme, la sagesse éclairoit mon esprit, je sentois une douce force pour moderer toutes mes passions, & pour arrêter l'impetuosité de ma jeunesse. Je me fis aimer de tous les Bergers du desert, ma douceur, ma patience, mon exactitude, appaiserent enfin le cruel Butlus, qui étoit en autorité sur les autres esclaves, & qui avoit voulu d'abord me tourmenter.

Pour mieux suporter l'ennui de la captivité & de la solitude, je cherchai des Livres, & j'étois accablé d'ennui faute de quelque instruction qui pût nourrir mon esprit & le soûtenir. Heureux, disois-je, ceux qui se dégoûtent des plaisirs violens, & qui sçavent se contenter d'une vie innocente! Heureux ceux qui se divertissent en s'instruisant, & qui se plaisent à cultiver leur esprit par les sciences. En quelque endroit que la fortune ennemie les jettent, ils portent toûjours avec eux dequoy s'entretenir ; & l'ennui qui devore les autres hommes au milieu des délices, est inconnu à ceux qui sçavent s'occuper par quelque lecture.

Pendant que ces paroles rouloient dans mon esprit, je m'enfonçai dans une sombre forêt, où j'aperçûs tout-à-coup un vieillard qui tenoit en sa main un Livre. Ce vieillard avoit un grand front chauve & un peu ridé, une barbe blanche pendoit jusqu'à sa ceinture, sa taille étoit haute & majestueuse, son teint étoit encore frais & vermeil, ses yeux vifs & perçans, sa voix douce, ses paroles simples & aimables. Jamais je n'ai vû un si venerable vieillard, il s'appelloit Termosiris, il étoit Prêtre d'Apollon dans un Temple de marbre que les Rois d'Egypte avoient consacré au Dieu dans cette forêt. Le Livre qu'il tenoit étoit un recueil d'Hymnes en l'honneur des Dieux.

Il m'aborde avec amitié, nous nous entretenons; il racontoit si bien les choses passées, qu'on croyoit les voir; mais il les racontoit courtement, & jamais ses Histoires ne m'ont lassé, il prévoyoit l'avenir par la profonde sagesse qui luy faisoit connoître les hommes & les desseins dont ils sont capables; avec tant de prudence, il étoit gay, complaisant, & la jeunesse la plus enjoüée n'a pas tant de grace, qu'en avoit cét homme dans une vieillesse si avancée, aussi aimoit-il les jeunes gens lors qu'ils étoient dociles, & qu'ils avoient le goût de la vertu; bien-tôt il m'aima tendrement, & me donna des Livres pour me consoler; il m'appelloit: Mon fils, je luy disois souvent; Mon pere, les Dieux qui m'ont ôté Mentor, ont eu pitié de moi, ils m'ont donné en vous un autre soûtien: Cét homme semblable à Orphée ou à Linus, étoit sans doute inspiré des Dieux.

Il me recitoit les Vers qu'il avoit faits, & me donnoit ceux des plus excellens Poëtes favorisez des Muses. Lors qu'il étoit revêtu de sa longue robe d'une éclatante blancheur,

& qu'il prenoit en sa main sa lyre d'or, les Tygres, les Ours, les Lions venoient le flâter & lécher ses pieds. Les Satyres sortoient des forêts pour danser autour de luy, les arbres mêmes paroissoient émûs, & vous auriez crû que les rochers attendris alloient décendre du haut des montagnes aux charmes de ses doux accens: il ne chantoit que la grandeur des Dieux, la vertu des Heros, & la sagesse des hommes qui préferent la gloire aux plaisirs.

Il me disoit souvent que je devois prendre courage, & que les Dieux n'abandonneroient ni Ulysse ni son fils. Enfin il m'enseigna que je devois, à l'exemple d'Apollon, enseigner aux Bergers à cultiver les Muses.

Apollon, me disoit-il un jour, indigné de ce que Jupiter par ses foudres troubloit le Ciel dans les plus beaux jours, voulut s'en venger sur les Cyclopes qui forgeoient les foudres, & il les perça de ses fléches: aussi-tôt le Mont-Etna cessa de vomir des tourbillons de flâmes, on n'entendit plus les coups des terribles marteaux qui frappant l'enclume, faisoient gémir les profondes cavernes de la terre, & les abîmes de la mer. Le fer & l'airain n'étant plus polis par les Cyclopes, commençoient à se roüiller. Vulcain furieux sort de sa fournaise embrasée : quoique boiteux, il monte en diligence vers l'Olympe, il arrive suant & couvert d'une noire poussiere dans l'assemblée des Dieux, il fait des plaintes ameres. Jupiter s'irrite contre Apollon, le chasse du Ciel & le précipite sur la terre. Son Char vuide faisoit de lui-même son cours ordinaire, pour donner aux hommes les jours & les nuits, avec le changement régulier des saisons. Apollon dépoüillé de tous ses rayons, fut contraint de se faire Berger, & de garder les troupeaux du Roy Admete : il joüoit de la flûte, & tous les autres Bergers venoient à l'ombre des ormeaux sur le bord d'une claire fontaine écouter ses chansons ; jusques-là ils avoient mené une vie sauvage & brutale, ils ne sçavoient que conduire leurs brebis, les tondre, traire leur lait, & faire des fromages : toute la campagne étoit comme un desert affreux.

Bien-tôt aprés Apollon montra à tous les Bergers les douceurs d'une vie rustique, il chantoit les fleurs dont le Printemps se couronne, les parfums qu'il répand, & la verdure qui naît sous ses pas. Puis il chantoit les délicieuses nuits de l'Eté, où les Zephirs rafraîchissent les hommes, & où la rosée desaltere la terre : il mêloit aussi dans ses chansons, les fruits dorez dont l'Automne récompense les travaux des Laboureurs, & le repos de l'Hyver, pendant lequel la jeunesse folâtre danse auprés du feu : tantôt, il representoit les forêts sombres qui couvrent les montagnes & les creux vallons, ou les rivieres qui font mille détours au milieu des riantes prairies. Il apprit auſſi aux Bergers quels ſont les charmes de la vie champêtre, quand on ſçait goûter ce que la ſimple nature a de merveilleux: bien-tôt les Bergers avec leurs flûtes ſe virent plus heureux que les Rois; & leurs cabanes attirerent en foule les plaiſirs purs qui fuyent les Palais dorez. Les yeux, les ris, & les graces, ſuivoient par tout les innocentes Bergeres.

Tous les jours étoient des jours de Fête: on n'entendoit plus que le gazoüillement des oiſeaux, ou la douce haleine des Zephirs qui ſe joüoient dans les rameaux des arbres, ou le murmure d'une onde claire qui tomboit de quelque rocher, ou les chanſons que les Muſes inſpiroient aux Bergers qui ſuivoient Apollon: ce Dieu leur enſeignoit à remporter le prix de la courſe, & à percer de fléches les Dains & les Cerfs: les Dieux mêmes devinrent jaloux des Bergers, cette vie leur parut douce plus que toute leur gloire, & ils rappellerent Appollon dans l'Olympe.

Mon fils, cette Hiſtoire doit vous inſtruire, puiſque vous êtes dans l'état où fut Appollon, défrichez cette terre ſauvage, faites fleurir comme luy le deſert, apprenez comme luy à tous les Bergers quels ſont les charmes de l'harmonie; adouciſſez les cœurs farouches, montrez leur l'aimable vertu, faites-leur ſentir combien il eſt doux de joüir dans la ſolitude des plaiſirs innocens que rien ne peut ôter aux

Bergers. Un jour, mon fils, un jour les peines & les soucis cruels qui environnoient les Rois, vous feront regretter sur le trône la vie Pastorale.

Ayant ainsi parlé, Termosiris me donna une flûte si douce, que les échos de ces montagnes qui la firent entendre de tous côtez, attirerent bien-tôt autour de moy tous les Bergers voisins. Ma voix avoit une harmonie divine ; je me sentois ému & comme hors de moi-même pour chanter les graces dont la nature a orné la campagne : nous passions les jours entiers & une partie des nuits à chanter ensemble : tous les Bergers oubliant leurs cabanes & leurs troupeaux étoient suspendus & immobiles autour de moy pendant que je leur donnois des leçons, il sembloit que ces deserts n'eussent plus rien de sauvage ; tout y étoit doux & riant : la politesse des habitans sembloit adoucir la terre ; nous nous assemblions souvent pour offrir des sacrifices dans ce Temple d'Apollon où Termosiris étoit Prêtre ; les Bergers y alloient couronnez de Lautiers en l'honneur du Dieu. Nous faisions un festin champêtre, nos plus doux mets étoient le lait de nos chévres & de nos brebis que nous avions soin de traire nous-mêmes ; avec les fruits fraîchement cueillis de nos propres mains, tels que les dattes, les figues & les raisins ; nos siéges étoient les gazons ; nos arbres touffus nous donnoient un ombre plus agréable que les lambris dorez des Palais des Rois. Mais ce qui acheva de me rendre fameux parmy nos Bergers, c'est qu'un jour un lion affamé vint se jetter sur mon troupeau ; déja il commençoit un carnage affreux ; je n'avois en main que ma houlette, je m'avance hardiment, le lion herisse sa criniere, me montre ses dents & ses griffes, ouvre une gueule séche & enflâmée, ses yeux paroissoient pleins de sang & de feu ; il bat ses flanc avec sa longue queuë ; je le terrasse ; la petite cotte de maille dont j'étois revêtu, selon la coûtume des Bergers d'Egypte, l'empêcha de me déchirer ; trois fois il se releva : il poussoit des rugissemens qui faisoient retentir toutes les forêts : toutefois je l'abatis ; enfin je l'étouffay entre mes bras, & les Bergers témoins de ma victoire voulurent que je me revêtisse de la peau de ce terrible animal.

Le bruit de cette action, & celuy du beau changement de tous nos Bergers se répandit dans toute l'Egypte, il parvint même jusqu'aux oreilles de Sesostris. Il sçût qu'un de ces deux Captifs, qu'on avoit pris pour des Pheniciens, avoit ramené l'âge d'or dans ces deserts presque inhabitables. Il voulut me voir, car il aimoit les Muses, & tout ce qui peut instruire les hommes touchoit son grand cœur. Il me vit, il m'écouta avec plaisir, & découvrit que Metophis l'avoit trompé par avarice : il le condamna à une prison perpetuelle & lui ôta toutes les richesses qu'il possedoit injustement : O ! qu'on est malheureux, disoit-il, quand on est au-dessus du reste des hommes ! souvent on ne peut voir la verité par ses propres yeux ; on est environné de gens qui l'empêchent d'arriver jusqu'à celui qui commande ; chacun est interessé à le tromper : chacun sous une apparence de zéle cache son ambition : on fait semblant d'aimer le Roi, & on n'aime que les richesses qu'il donne : on l'aime si peu, que pour obtenir ses faveurs on le flâte & on le trahit.

Ensuite Sesostris me traita avec une tendre amitié, & résolut de me renvoyer en Itaque avec des Vaisseaux & des Troupes pour délivrer Penelope de ses Amans. La Flote étoit déja prête, nous ne songions qu'à nous embarquer. J'admirois les coups de la fortune, qui releve tout-à-coup ceux qu'elle a le plus abaissez. Cette experience me faisoit esperer qu'Ulysse pourroit bien revenir enfin dans son Royaume aprés quelque longue souffrance, je pensois aussi en moy-même que je pourrois encore revoir Mentor, quoi qu'il eût été emmené dans les païs les plus inconnus de l'Ethiopie.

Pendant que je retardois un peu mon départ, pour tâcher d'en sçavoir des nouvelles, Sesostris qui étoit fort âgé, mourut subitement, & sa mort me replongea dans tous mes malheurs. Toute l'Egypte parut inconsolable de cette perte ; chaque famille croyoit avoir perdu son meilleur amy, son protecteur, son pere ; les vieillards levant les mains au Ciel, s'écrioient : Jamais l'Egypte n'eût un si bon Roy ; jamais elle n'en aura de semblable. O Dieux ! il faloit ou ne le montrer jamais aux hommes, ou ne le leur jamais ôter. Pourquoi faut-il que nous survivions au grand Sesostris ? Les jeunes gens disoient : L'esperance de l'Egypte est détruite ; nos peres ont été heureux de passer leur vie sous un si bon Roi. Pendant quarante jours les peuples les plus reculez y accouroient en foule. Chacun vouloit en conserver l'image. Plusieurs vouloient être mis avec lui dans le tombeau. Mais ce qui augmenta encore la douleur de sa perte, c'est que son fils Boccoris n'avoit ny humanité pour les étrangers, ni curiosité pour les sciences, ni estime pour les hommes vertueux, ni amour pour la gloire. La grandeur de son pere avoit contribué à le rendre indigne de régner ; il avoit été nourri dans la molesse & dans une fierté brutale ; il comptoit pour rien les hommes, croyant qu'ils n'étoient faits que pour luy, & qu'il étoit d'une autre nature qu'eux. Il ne songeoit qu'à contenter ses passions, qu'à dissiper les tresors immenses que son pere avoit ménagez avec tant de soin, qu'à tourmenter les peuples & qu'à succer le sang des malheureux ; enfin qu'à suivre le conseil flâteur des jeunes foux qui l'environnoient, pendant qu'il écartoit avec mépris tous les sages vieillards qui avoient eû la confiance de son pere. C'étoit un monstre, & non pas un Roy; toute l'Egypte gemissoit : & quoique le nom de Sesostris si cher aux Egyptiens leur fit supporter la conduite lâche & cruelle de son fils, le fils couroit à sa perte, & un Prince si indigne du Trône, ne pouvoit longtemps regner.

Il ne me fut plus permis d'esperer mon retour en Itaque, je demeuray dans une Tour sur le bord de la mer auprés de Peluse, où nôtre embarquement se devoit faire, si Sesostris ne fût pas mort ; Metophis avoit eu l'adresse de sortir de prison & de se rétablir auprés du nouveau Roy : il m'avoit fait renfermer dans cette Tour pour venger la disgrace que je luy avois causée. Je passois les jours & les nuits dans une profonde tristesse ; tout ce que Termosiris m'avoit prédit, & tout ce que j'avois entendu dans la caverne, ne me paroissoit plus qu'un songe. J'étois abîmé dans la plus amere douleur. Je voyois les vagues qui venoient battre le pied de la Tour où j'étois prisonnier. Souvent je m'occupois à considerer des Vaisseaux agitez par la tempête, qui étoient en danger d'être brisez contre les rochers sur lesquels la Tour étoit bâtie. Loin de plaindre ces hommes menacez du naufrage, j'enviois leur sort. Bien-tôt, disois-je en moy-même, ils finiront les malheurs de leur vie,

vie, où ils arriveront en leur païs. Helas ! je ne puis esperer ny l'un ny l'autre.

Pendant que je me consumois ainsi en regrets inutils, j'apperçûs comme une forêt de mâts de Vaisseaux : la mer étoit couverte de voiles que les vents enfloient. L'onde étoit écumante sous les coups des rames innombrables : j'entendois de toutes parts des cris confus ; j'appercevois sur le rivage une partie des Egyptiens effrayez qui couroient aux armes, & d'autres qui sembloient aller au-devant de cette Flote qu'on voyoit arriver. Bientôt je reconnus que ces Vaisseaux étrangers étoient les uns de Phenicie, & les autres de l'Isle de Chypre ; car mes malheurs commençoient à me rendre experimenté sur ce qui regarde la navigation. Les Egyptiens me parurent divisez entr'eux. Je n'eus aucune peine de croire que l'insensé Roy Boccoris avoit par ses violences causé une révolte de ses Sujets & allumé la guerre civile, je fus du haut de cette Tour spectateur d'un sanglant combat.

Les Egyptiens qui avoient appellé à leur secours les étrangers, après avoir favorisé leur décente, attaquérent les autres Egyptiens qui avoient le Roi en tête. Je voiois ce Roy, qui animoit les siens par son exemple, il paroissoit comme le Dieu Mars, des ruisseaux de sang couloient autour de lui : les rouës de son Char étoient teintes d'un sang noir, épais

& écumant ; à peine pouvoient-elles passer sous des tas de corps morts écrasez. Ce jeune Roi bien-fait, vigoureux, d'une mine haute & fiére, avoit dans ses yeux la fureur & le desespoir ; il étoit comme un beau cheval qui n'a point de bouche. Son courage le poussoit au hazard, & la sagesse ne moderoit pas sa valeur : il ne sçavoit ni réparer ses fautes, ni donner des ordres précis, ni prévoir les maux qui le menaçoient, ni ménager les gens dont il avoit le plus grand besoin ; ce n'étoit pas qu'il manquât de genie, ses lumieres égaloient son courage, mais il n'avoit jamais été instruit par la mauvaise fortune. Ses Maîtres avoient empoisonné par la flâterie son beau naturel. Il étoit ennyvré de sa puissance & de son bonheur, il croyoit que tout devoit ceder à ses désirs fougueux, la moindre résistance enflâmoit sa colere. Alors il ne résonnoit plus, il étoit comme hors de lui-même, son orgueil furieux en faisoit une bête farouche ; sa bonté naturelle, & sa droite raison, l'abandonnoient en un instant ; ses plus fidéles serviteurs étoient réduits à s'enfuïr ; il n'aimoit plus que ceux qui flâtoient ses passions. Ainsi il prenoit toûjours des partis extrêmes contre ses véritables interêts, & il forçoit tous les gens de bien à détester sa folle conduite. Longtems sa valeur le soûtint dans le combat contre la multitude de ses ennemis, mais enfin il fut accablé ; je le vis périr, le dard d'un Phenicien perça sa poîtrine, il tomba de son Char, que les chevaux traînoient toûjours; & ne pouvant plus tenir les rênes, il fut renversé sous les pieds de ses propres chevaux. Un Soldat de l'Isle de Chipre lui coupa la tête, & la prenant par les cheveux, il la montra comme en triomphe à toute l'Armée victorieuse. Je me souviendrai toute ma vie d'avoir vû cette tête qui nageoit dans le sang, ces yeux fermez & éteints, ce visage pâle & défiguré, cette bouche entr'ouverte qui sembloit vouloir encore achever des paroles commencées, cet air superbe & menaçant, que la mort même n'avoit pû effacer, toute ma vie il sera peint devant mes yeux, & si jamais les Dieux me faisoient régner, je n'oublierois point après un si funeste exemple, qu'un Roi n'est digne de commander, & n'est heureux dans sa puissance, qu'autant qu'il se soûmet à la raison. Eh! quel malheur pour un homme destiné à faire le bonheur public, de n'être le maître de tant d'hommes que pour les rendre malheureux?

Calypso écoutoit avec étonnement des paroles si sages; ce qui la charmoit le plus, étoit de voir que le jeune Telemaque racontoit ingénuëment les fautes qu'il avoit faites par précipitation & en manquant de docilité pour le sage Mentor; elle trouvoit une noblesse & une grandeur étonnante dans ce Prince, qui s'accusoit lui-même, & qui paroissoit avoir si bien profité de ses imprudences pour se rendre sage, prévoyant & modéré. Continuez, dit-elle, mon cher Telemaque, il me tarde de sçavoir comment vous sortîtes de l'Egypte, & où vous avez retrouvé le sage Mentor, dont vous avez senti la perte avec tant de raison.

SOMMAIRE
DU SECOND LIVRE.

Telemaque est mis en liberté par le Prince qui succede à Boccoris, & conduit à Tyr capitale de la Phenicie. Mœurs, commerce & gouvernement des Pheniciens; avec le portrait de Pygmalion Roy de Tyr. Description de la Ville & de la maniere de vivre des habitans. Telemaque aidé du conseil & de l'adresse de Narbal, évite la fureur & la méfiance de Pygmalion, & sort de Phenicie. Calypso charmée du recit des avantures de Telemaque, remet au lendemain le reste de son Histoire. Telemaque & Mentor se retirent. Instructions de Mentor à Telemaque sur le recit qu'il avoit fait à Calypso.

LES AVANTURES DE TELEMAQUE FILS D'ULYSSE.

LIVRE SECOND.

TELEMAQUE reprit ainsi son discours : Les Egyptiens les plus vertueux & les plus fidéles au Roy, étant les plus foibles, & voyant le Roy mort, furent contraints de ceder aux autres. On établit un autre Roi. Les Pheniciens avec les Troupes de l'Isle de Chypre, se retirerent aprés avoir fait alliance avec le nouveau Roi : il rendit tous les prisonniers Pheniciens ; je fus compté comme étant de ce nombre, on me fit sortir de la Tour, je m'embarquai avec les autres, & l'esperance commença à renaître au fond de mon cœur. Un vent favorable remplissoit déja nos voiles, les Rameurs fendoient les ondes écumantes; la vaste mer étoit couverte de Navires, les Mariniers poussoient les cris de joye, les rivages d'Egipte s'enfuyoient loin de nous, les collines & les montagnes s'aplanissoient peu à peu ; nous commencions à ne voir plus que le Ciel & l'eau, pendant que le Soleil qui se levoit, sembloit faire sortir du sein de la mer ses feux étincelans, ses rayons doroient le sommet des montagnes, que nous découvrions encore un peu sur l'horison, & tout le Ciel d'un sombre azur, nous promettoit une heureuse navigation.

Quoiqu'on m'eût renvoyé comme étant Phénicien, aucun des Phéniciens avec qui j'étois, ne me connoissoit. Narbal qui commandoit dans le Vaisseau où l'on me mit, me demanda mon nom & ma patrie : De quelle Ville de Phenicie êtes-vous, me dit-il ? Je ne suis point de Phenicie, lui dis-je, mais les Egyptiens m'avoient pris sur la mer dans un Vaisseau de Phenicie ; j'ai demeuré long-temps captif en Egypte comme un Phenicien, c'est sous ce nom que j'ai long-tems souffert ; c'est sous ce nom que l'on m'a délivré. De quel païs es-tu donc, reprit Narbal ? Je lui parlai ainsi. Je suis Telemaque fils d'Ulysse Roi d'Itaque en Grece ; mon Pere s'est rendu fameux entre tous les Rois qui ont assiégé la Ville de Troye ; mais les Dieux ne lui ont pas accordé de revoir sa patrie : je l'ai cherché en plusieurs païs, la fortune me persecute comme lui, vous voyez un malheureux qui ne soûpire qu'après le bonheur de retourner parmi les siens, & de trouver son pere. Narbal me regardoit avec étonnement, & il crût apercevoir en moi je ne sçay quoi d'heureux qui vient des dons du Ciel, & qui n'est point dans le reste des hommes. Il étoit naturellement sincere & genereux, il fut touché de mon malheur, & me parla avec une confiance que les Dieux lui inspirerent pour me sauver d'un grand peril.

Telemaque, je ne doute point, dit-il, de ce que vous me dites, & je ne sçaurois en douter ; la douleur & la vertu peintes sur vôtre visage, ne me permettent pas de me défier de vous. Je sens même que les Dieux que j'ai toûjours servis, vous aiment, & qu'ils veulent que je vous aime aussi comme si vous étiez mon fils, je vous donnerai un conseil salutaire, & pour récompense, je ne vous demande que le secret : Ne craignez point, lui dis-je, que j'aye aucune peine à me taire sur les choses que vous voudrez me confier. Quoyque je sois jeune, j'ai déja vieilli dans l'habitude de ne dire jamais mon secret, & encore plus de ne trahir jamais sous aucun prétexte le secret d'autrui. Comment avez-vous pû, me dit-il, vous accoûtumer au secret dans une si grande jeunesse ? je seray ravi d'apprendre par quel moyen vous avez acquis cette qualité, qui est le fondement de la plus sage conduite, & sans laquelle tous les talens sont inutiles.

Quand

Quand Ulysse partit, luy dis-je, pour aller au siége de Troye, il me prit sur ses genoux & entre ses bras (c'est ainsi qu'on me le raconte,) aprés m'avoir baisé tendrement, il me dit ces paroles, quoique je ne puisse les entendre. O mon fils ! que les Dieux me preserve de te revoir jamais, que plûtôt le ciseau de la parque tranche le fil de tes jours lors qu'il est à peine formé, de même que le moissonneur tranche de sa faux une tendre fleur qui commence à éclore ; que mes ennemis te puissent écraser aux yeux de ta mere & aux miens, si tu dois un jour te corrompre & abandonner la vertu. O ! mes amis, continua-t'il, je vous laisse ce fils qui m'est si cher, ayez soin de son enfance, si vous m'aimez, éloignez de luy la pernicieuse flâterie ; enseignez-luy à se vaincre ; qu'il soit comme un jeune arbrisseau encore tendre qu'on plie pour le redresser. Sur tout n'oubliez rien pour le rendre juste, bien-faisant, sincere & fidéle à garder le secret. Quiconque est capable de mentir, est indigne d'être compté au nombre des hommes ; & quiconque ne sçait pas se taire, est indigne de gouverner.

Je vous rapporte ces paroles, parce qu'on a eu soin de me les repeter souvent à moi-même ; les amis de mon pere eurent soin de m'exercer de bonne heure au secret, j'étois encore dans la plus tendre enfance, & ils me confioient déja toutes les peines qu'ils ressentoient, voyant ma mere exposée à un grand nombre de temeraires qui vouloient l'épouser. Ainsi on me traitoit dés-lors comme un homme raisonnable & sûr. On m'entretenoit secretement des plus grandes affaires ; on m'instruisoit de ce qu'on avoit résolu pour écarter les prétendans.

J'étois ravi qu'on eût en moi cette confiance, jamais je n'en ai abusé, jamais il ne m'a échapé une seule parole qui pût découvrir le moindre secret, souvent les prétendans tâchoient de me faire parler, esperant qu'un enfant qui auroit vû ou entendu quelque chose d'important, ne sçauroit pas se retenir. Mais je sçavois bien leur répondre sans mentir & sans leur apprendre ce que je ne devois point dire.

Alors Narbal me dit : Vous voyez, Telemaque, la puissance des Pheniciens, ils sont redoutables à toutes les nations voisines par leurs innombrables Vaisseaux. Le commerce qu'ils font jusqu'aux Colomnes d'Hercule, leur donne des richesses qui surpassent celles des peuples les plus florissans. Le grand Roy Sesostris qui n'auroit jamais pû les vaincre par mer, eut bien de la peine à les vaincre par terre avec ses armées qui avoient conquis tout l'Orient; il nous imposa un tribut que nous n'avons pas long-temps payé. Les Pheniciens se trouvoient trop riches & trop puissans pour porter patiemment le joug de la servitude. La mort ne laissa pas à Sesostris le temps de finir la guerre contre nous. Il est vray que nous avions tout à craindre de sa sagesse encore plus que de sa puissance : mais sa puissance passant entre les mains de son fils dépourvû de toute sagesse, nous conclûmes que nous n'avions plus rien à craindre. En effet, les Egyptiens bien loin de rentrer les armes à la main dans nôtre païs pour nous subjuguer encore une fois, ont été contraints de nous appeller à leur secours pour les délivrer d'un Ro... mpie & furieux. Nous avons été leurs liberateurs ; quelle gloire ajoûtée à la liberté & à l'opulence des Pheniciens ?

Mais pendant que nous délivrons les autres, nous sommes esclaves nous-mêmes. O Telemaque ! craignez de tomber dans les cruelles mains de Pygmalion nôtre Roy, il les a trempées dans le sang de Sichée mari de Didon sa sœur : Didon pleine d'horreur & de vengeance, s'est enfuye de Tyr avec plusieurs Vaisseaux. La plûpart de ceux qui aiment la vertu & la liberté l'ont suivie : elle a fondé sur la côte d'Afrique une superbe Ville qu'on nomme Carthage. Pygmalion tourmenté par une soif insatiable des richesses, se rend de plus en plus miserable & odieux à ses sujets. C'est un crime à Tyr que d'avoir de grands biens, l'avarice le rend défiant, soupçonneux, cruel ; il persecute les riches, & il craint les pauvres. Tout l'agite, l'inquiete, le ronge.

il a peur de son ombre, il ne dort ni nuit, ni jour, les Dieux pour le confondre l'accablent de tresors dont il n'ose joüir. Ce qu'il cherche pour être heureux est précisément ce qui l'empêche de l'être. Il regrette tout ce qu'il donne, & craint toûjours de perdre ; il se tourmente pour gagner, on ne le voit presque jamais, il est seul, triste, abatu au fond de son Palais ; ses amis même n'osent l'aborder de peur de luy devenir suspects ; une garde terrible tient toûjours des épées nuës, & des piques levées autour de sa maison ; trente chambres qui communiquent les unes aux autres, & dont chacune a une porte de fer avec six gros verroüils, sont le lieu où il se renferme ; on ne sçait jamais dans laquelle de ses chambres il couche, & on assure qu'il ne couche jamais deux nuits de suite dans la même, de peur d'y être égorgé. Il ne connoit ni les plaisirs, ni l'amitié : si on luy parle de chercher la joye, il sent qu'elle fuit loin de luy, & qu'elle refuse d'entrer dans son cœur. Ses yeux creux sont pleins d'un feu âpre & farouche : ils sont sans cesse errans de tous côtez ; il préte l'oreille au moindre bruit ; il se sent tout émû, il est pâle & défait, & les noirs soucis sont peints sur son visage toûjours ridé. Il se tait, il soûpire, il tire de son cœur de profonds gémissemens, il ne peut cacher les remords qui déchirent ses entrailles. Les mets les plus exquis le dégoûtent, ses enfans loin d'être son espérance, sont le sujet de sa terreur, il en a fait ses plus dangereux ennemis, il n'a eu en toute sa vie aucun moment d'assuré, il ne se conserve qu'à force de répandre le sang de tous ceux qu'il craint. Insensé ! qui ne voit pas que la cruauté à laquelle il se confie, le fera perir. Quelqu'un de ses domestiques aussi défiant que luy, se hâtera de délivrer le monde de ce monstre. Pour moy je crains les Dieux ; quoiqu'il m'en coûte, je serai fidéle au Roy qu'ils m'ont donné. J'aimerois mieux qu'il me fit mourir que de lui ôter la vie, & même que de manquer à le défendre. Pour vous, ô Telemaque ! gardez-vous bien de luy dire que vous êtes le fils d'Ulysse : il espereroit qu'Ulysse retournant à Itaque, lui payeroit quelque grande somme pour vous racheter, & il vous tiendroit en prison.

Quand nous arrivâmes à Tyr, je suivis son conseil, & je reconnus la verité de tout ce qu'il m'avoit raconté. Je ne pouvois comprendre qu'un homme se pût rendre aussi miserable que Pygmalion me le paroissoit. Surpris d'un spectacle si affreux & si nouveau pour moi, je disois en moi-même : Voila un homme qui n'a cherché qu'à se rendre heureux, il a crû y parvenir par les richesses & par une autorité absoluë, il fait tout ce qu'il peut, & cependant il est miserable par ses richesses & par son autorité même. S'il étoit Berger, comme je l'étois n'agueres, il seroit aussi heureux que je l'ai été, il joüiroit des plaisirs innocens de la campagne, & en joüiroit sans remords. Il ne craindroit ni le fer ni le poison. Il aimeroit les hommes & en seroit aimé. Il n'auroit point ces grandes richesses qui lui sont aussi inutiles que du sable, puisqu'il n'ose y toucher; mais il joüiroit des fruits de la terre, & ne souffriroit aucun véritable besoin. Cet homme paroît faire tout ce qu'il veut, mais il s'en faut bien qu'il le fasse. Il fait tout ce que veulent ses passions, il est toûjours entraîné par son avarice, par ses soupçons; il paroît maître de tous les autres hommes, mais il n'est pas maître de lui-même; car il a autant de maîtres & de boureaux qu'il a de desirs violens.

Je raisonnois ainsi de Pygmalion sans le voir, car on ne le voyoit point, & on regardoit seulement avec crainte ces hautes Tours qui étoient nuit & jour entourées de Gardes, où il s'étoit mis lui-même comme en prison, se renfermant avec ses tresors. Je comparois ce Roi invisible avec Sesostris si doux, si accessible, si affable, si curieux de voir les Etrangers, si attentif à écouter tout le monde, & à tirer du cœur des hommes la verité qu'on cache aux Rois. Sesostris, disois-je, ne craignoit rien, & n'avoit rien à craindre, il se montroit à tous ses Sujets comme à ses propres enfans. Celui-ci craint tout, & a tout à craindre. Ce méchant Roi est toûjours exposé à une mort funeste, même dans son Palais inaccessible, au milieu de ses Gardes ; au contraire le bon Roy Sesostris étoit en sûreté au milieu de la foule de ses peuples comme un bon pere dans sa maison environné de sa famille.

Pygmalion donna ordre de renvoyer les troupes de l'Isle de Chypre, qui étoient venuës secourir les siennes à cause de l'alliance qui étoit entre les deux peuples. Narbal prit cette occasion de me mettre en liberté, il me fit passer en revuë parmi les soldats Chypriens; car le Roy étoit ombrageux jusques dans les moindres choses. Le défaut des Princes trop faciles & inappliquez, est de se livrer avec une aveugle confiance à des favoris artificieux & corrompus. Le défaut de celuy-cy étoit au contraire de se défier des plus honnêtes gens ; il ne sçavoit point discerner les hommes droits & simples qui agissent sans déguisement : aussi n'avoit-il jamais vû des gens de bien, car de telles gens ne vont point chercher un Roy si corrompu. D'ailleurs il avoit vû depuis qu'il étoit sur le Trône, dans les hommes dont il s'étoit servi, tant de dissimulation, de perfidie & de vices affreux, déguisez sous les seules apparences de la vertu, qu'il regardoit tous les hommes sans exception comme s'ils eussent été masquez : il supposoit qu'il n'y avoit aucune vertu sincere sur la terre.

Pour revenir à moi, je fus confondu avec les Chypriens, & j'échapai à la défiance penetrante du Roy. Narbal trembloit dans la crainte que je ne fusse découvert, il lui en eût coûté la vie & à moi aussi. Son impatience de nous voir partir étoit incroyable, mais les vents contraires nous retinrent assez long-temps à Tyr.

Je profitai de ce séjour pour connoître les mœurs des Pheniciens si celebres dans toutes les Nations connuës. J'admirois l'heureuse situation de cette grande Ville qui est au milieu de la mer dans une Isle. La côte voisine est délicieuse par sa fertilité, par les fruits exquis qu'elle porte, par le nombre des Villes & des Villages qui se touchent presque : enfin par la douceur de son climat, car les montagnes mettent cette côte à l'abri des vents brûlans du Midy. Elle est rafraîchie par le vent du Nord qui vient du côté de la mer. Le païs est au pied du Liban, dont le sommet fend les nuës, & va toucher les Astres. Une glace éternelle couvre son front ; des fleuves pleins de neiges tombent comme des torrens des pointes des rochers qui environnent sa tête. Au dessous on void une vaste forêt de Cedres antiques, qui paroissent aussi vieux que la terre où ils sont plantez, & qui portent leurs branches épaisses jusques aux nuës. Cette forêt a sous ses pieds de gras pâturages dans la pente de la montagne. C'est-là qu'on voit errer les taureaux qui mugissent, les brebis qui bêlent avec leurs tendres agneaux qui bondissent sur l'herbe fraîche. Là coulent mille divers ruisseaux qui distribuent par tout une eau claire. Enfin on voit au dessous de ces pâturages le pied de la montagne, qui est comme un jardin. Le Printems & l'Automne y regnent ensemble pour y joindre les fleurs & les fruits. Jamais ni le soufle empesté du Midy qui seche & brûle tout, ni le rigoureux Aquilon, n'ont osé effacer les vives couleurs qui ornent ce jardin. C'est auprés de cette belle côte que s'éleve dans la mer l'Isle où est bâtie la ville de Tyr. Cette grande Ville semble nager au-dessus des eaux & être la Reine de toute la mer; les Marchands y abordent de toutes les parties du monde, & ses habitans sont eux-mêmes les plus fameux Marchands qu'il y ait dans l'Univers.

Quand on entre dans cette Ville, on croit d'abord que ce n'est pas une Ville qui appartienne à un peuple particulier, mais qu'elle est la Ville commune de tous les peuples, & le centre de leur commerce : elle a deux grands Moles qui sont comme deux bras qui s'avancent dans la Mer, & qui embrassent un vaste Port où les vents ne peuvent entrer. Dans ce Port on voit comme une forêt de mâts de Navires, & ces Navires sont si nombreux, qu'à peine peut-on découvrir la mer qui les porte. Tous les Citoyens s'appliquent au commerce, & leurs grandes richesses ne les dégoûtent jamais du travail necessaire pour les augmenter. On y voit de tous côtez le fin lin d'Egypte, & la pourpre Tyrienne deux fois teinte d'un éclat merveilleux ; cette double teinture est si vive, que le temps ne peut l'effacer ; on s'en sert pour une teinture de laine fine qu'on rehausse d'or & d'argent. Les Pheniciens ont le commerce de tous les peuples jusques au détroit de Gades, ils ont même penetré dans le vaste Ocean qui environne toute la terre ; ils ont fait aussi de longues navigations sur la mer rouge, & c'est par ce chemin qu'ils vont chercher dans les Isles inconnuës, de l'or, des parfums, & divers animaux qu'on ne voit point ailleurs.

Je ne pouvois rassasier mes yeux du spectacle de cette grande Ville où tout étoit en mouvement, je n'y voyois point comme dans les Villes de la Grece, des hommes oisifs & curieux qui vont chercher des nouvelles dans la place publique, pour regarder les étrangers qui arrivent sur le Port. Les hommes sont occupez à décharger leurs Vaisseaux, à transporter leurs marchandises, ou à les vendre, à ranger leurs magazins, à tenir un compte exact de ce qui leur est dû par les négocians étrangers; les femmes ne cessent jamais de filer les laines, ou de faire des desseins de broderie, ny de ployer les riches étofes.

D'où vient, disoit-je à Narbal, que les Pheniciens se sont rendus les maîtres du commerce de toute la terre, & qu'ils s'enrichissent insi aux dépens de tous les autres peuples ? Vous le voyez, me dit-il, la situation de Tyr est heureuse pour la navigation. Les Tyriens furent les premiers (s'il en faut croire ce qu'on raconte de la plus obscure antiquité) qui oserent se mettre dans un frêle vaisseau à la merci des vagues, qui dompterent l'orgueil de la mer, qui observerent les Astres loin de la terre, suivant la science des Egyptiens & des Babyloniens, qui réünirent tant de peuples que la mer avoit séparez. Les Tyriens sont industrieux, patiens, laborieux, sobres, ménagers, ils ont une exacte police, ils sont parfaitement d'accord entr'eux; jamais peuple n'a été plus constant, plus sincere, plus fidele, plus sûr, plus commode à tous les étrangers. Voilà sans aller chercher d'autre cause, ce qui leur donne l'empire de la mer, & qui fait fleurir dans leur Port un si utile commerce. Si la division & la jalousie se mettoient entr'eux, s'ils commençoient à s'amolir dans les délices & dans l'oisiveté; si les premiers d'entr'eux méprisoient le travail & l'œconomie; si les Arts cessoient d'être en honneur dans leur Ville, s'ils manquoient de bonne foy vers les étrangers, s'ils alteroient tant soit peu les régles d'un commerce libre, vous verriez bien-tôt tomber cette puissance que vous admirez.

Mais expliquez-moi, lui disois-je, les moyens d'établir un jour un pareil commerce à Itaque: faites, me répondit-il, comme on fait ici ; recevez bien & facilement tous les étrangers ; faites leur trouver dans vos ports la sûreté, la commodité, la liberté entiere ; ne vous laissez jamais entraîner ni par l'avarice, ni par l'orgueil ; le vray moyen de gagner beaucoup est de ne vouloir jamais trop gagner, & de sçavoir perdre à propos ; faites-vous aimer par tous les étrangers ; souffrez même quelque chose d'eux, craignez d'exciter leur jalousie par vôtre hauteur ; soyez constant dans les régles du commerce, qu'elles soient simples & faciles, accoûtumez-vous à les suivre inviolablement, punissez severement la fraude, & même la négligence ou le faste des Marchands qui ruïnent le commerce en ruïnant les hommes qui le font : sur tout n'entreprenez jamais de gêner le commerce pour le tourner selon vos vûës. Il faut que le Prince ne s'en mêle point, de peur de le gâter, & qu'il en laisse tout le profit à ses Sujets qui en ont la peine, autrement il les découragera ; il en tirera assez d'avantages par les grandes richesses qui entreront dans ses États, le commerce est comme certaines sources ; si vous voulez détourner leurs cours, vous les faites tarir. Il n'y a que le profit & la commodité qui attirent les étrangers chez vous. Si vous leur rendez le commerce moins commode & moins utile, ils se retirent insensiblement & ne reviennent plus, parce que d'autres peuples profitant de vôtre imprudence les attirent chez eux, & les accoûtument à se passer de vous.

Il faut même vous avoüer que depuis quelque temps la gloire de Tyr est bien obscurcie. O! si vous l'aviez vû, mon cher Telemaque, avant le regne de Pygmalion, vous auriez été bien plus étonné. Vous ne trouvez plus ici maintenant que les tristes restes d'une grandeur qui menace ruïne. O malheureuse Tyr! en quelles mains es-tu tombée? Autrefois la mer t'apportoit le tribut de tous les peuples de la terre. Pygmalion craint tout & des Etrangers & de ses Sujets: au lieu d'ouvrir ses Ports à toutes les Nations les plus éloignées dans une entiere liberté, il veut sçavoir le nombre des Vaisseaux qui arrivent, leur païs, le nom des hommes qui y sont, leur genre de commerce, la nature & le prix de leurs marchandises, & le tems qu'ils doivent demeurer ici: il fait encore pis, car il use de supercherie pour surprendre les Marchands, & pour confisquer leurs Marchandises. Il inquiete les Marchands qu'il croit les plus opulens, il établit sous divers prétextes de nouveaux impôts, il veut entrer luy-même dans le commerce, & tout le monde craint d'avoir affaire avec luy. Ainsi le commerce languit, les étrangers oublient peu à peu le chemin de Tyr qui leur étoit autrefois si doux, & si Pygmalion ne change de conduite, nôtre gloire & nôtre puissance seront bien-tôt transportées à quelqu'autre peuple mieux gouverné que nous.

Je demanday ensuite à Narbal comment les Tyriens s'étoient rendus si puissans sur mer : car je ne voulois rien ignorer de tout ce qui sert au gouvernement d'un Royaume. Nous avons, me répondit-il, les forêts du Liban qui nous fournissent le bois des Vaisseaux, & nous les réservons avec soin pour cet usage, l'on n'en coupe jamais que pour les besoins publics. Pour la construction des Vaisseaux nous avons l'avantage d'avoir des ouvriers habiles. Comment, lui dis-je, avez-vous pû trouver ces ouvriers ? Il me repondit : Ils se sont formez peu à peu dans le païs. Quand on récompense bien ceux qui excellent dans les arts, on est sûr d'avoir bien-tôt des hommes qui les menent à leur derniere perfection : car les hommes qui ont le plus de sagesse & de talent, ne manquent point de s'adonner aux arts ausquels les grandes récompenses sont attachées. Ici on traite avec honneur tous ceux qui réüssissent dans les arts & dans les sciences utiles à la navigation ; on considere un bon Geometre, on estime fort un habile Astrologue, on comble de bien un Pilote qui surpasse les autres dans sa fonction. On ne méprise point un bon Charpentier ; au contraire, il est bien payé & bien traité ; les bons rameurs même ont des récompenses sûres & proportionnées à leur service, on les nourrit bien, on a soin d'eux quand ils sont malades, en leur absence on a soin de leurs femmes & de leurs enfans, s'ils perissent dans un naufrage, on dédommage leur famille ; on renvoye chez eux ceux qui ont servi un certain tems, ainsi on en a autant qu'on en veut : le pere est ravi d'élever son fils dans un si bon métier, & dés sa plus tendre jeunesse il se hâte de luy montrer à manier la rame, les cordages, & à méprifer les tempêtes. C'est ainsi qu'on méne les hommes fans contrainte par la récompenfe & par le bon ordre ; l'autorité seule ne fait jamais bien, la soûmission des inferieurs ne suffit pas, il faut gagner les cœurs, & faire trouver aux hommes leurs avantages dans les chofes où l'on veut se servir de leur industrie.

Aprés ce discours, Narbal me mena visiter tous les Magasins, les Arfenaux, & tous les Métiers qui servent à la construction des Navires. Je demandois le détail des moindres choses, & j'écrivois tout ce que j'avois appris, de peur d'oublier quelque circonstance utile.

Cependant Narbal qui connoissoit Pygmalion, & qui m'aimoit, attendoit avec impatience mon départ, craignant que je ne fusse découvert par les espions du Roy qui alloient nuit & jour par toute la Ville. Mais les vents ne nous permettoient pas encore de nous embarquer. Pendant que nous étions occupez à visiter curieusement le Port, nous vîmes venir à nous un Officier de Pygmalion, qui dit à Narbal : Le Roy vient d'apprendre d'un des Capitaines des Vaisseaux qui sont revenus d'Egypte avec vous, que vous avez amené un étranger qui passe pour Chiprien, le Roi veut qu'on l'arrête, & qu'on sçache certainement de quel païs il est : vous en répondrez sur vôtre tête.

Dans ce moment je m'étois un peu éloigné pour regarder de plus près les proportions que les Tyriens avoient gardées dans la construction d'un Vaisseau presque neuf, qui étoit, disoit-on, par cette proportion exacte de toutes ses parties, le meilleur voilier qu'on eût jamais vû dans le port, j'interrogeois l'ouvrier qui avoit réglé cette proportion ; Narbal surpris & effrayé, répondit : Je chercherai cét étranger qui est de l'Isle de Chipre. Mais quand il eût perdu de vûë cét Officier, il courut vers moy pour m'avertir du danger où j'étois. Je ne l'avois que trop prévû, me dit-il, mon cher Telemaque, nous sommes perdus : le Roy, que la défiance tourmente jour & nuit, soupçonne que vous n'êtes pas de l'Isle de Chipre, il veut qu'on vous arrête, il me veut faire perir si je ne vous mets entre ses mains, que ferons-nous ? O Dieux ! donnez nous la sagesse pour nous tirer de ce peril : il faudra, Telemaque, que je vous méne au Roy. Vous soûtiendrez

que

que vous êtes Chiprien de la Ville d'Amatonte, fils d'un Statuaire de Venus ; je déclarerai que j'ai connu autrefois vôtre pere, & peut-être que le Roy, sans vouloir approfondir davantage, vous laissera partir, je ne vois plus d'autres moyens pour sauver vôtre vie & la mienne. Je répondis à Narbal : Laissez perir un malheureux que le destin veut perdre ; je sçai mourir, Narbal, & je vous dois trop pour vous entraîner dans mon malheur, je ne puis me résoudre à mentir ; je ne suis point Chiprien, & je ne sçaurois dire que je le suis. Les Dieux voyent ma sincerité, c'est à eux à conserver ma vie par leur puissance, mais je ne veux point la sauver par un mensonge.

Narbal me répondit : Mais ce mensonge, Telemaque, n'a rien qui ne soit innocent, les Dieux même ne peuvent le condamner, il ne fait aucun mal à personne, il sauve la vie à deux innocens, il ne trompe le Roy que pour l'empêcher de faire un grand crime. Vous poussez trop loin, Telemaque, l'amour de la vertu, & la crainte de blesser la Religion. Il suffit, lui disois-je, que le mensonge soit mensonge, pour n'être pas digne d'un homme qui parle en la presence des Dieux, & qui doit tout à la verité. Celui qui blesse la verité, offense les Dieux, & se blesse soi-même, car il parle contre sa conscience. Cessez, Narbal, de me proposer ce qui est indigne de vous & de moi. Si les Dieux ont pitié de nous, ils sçauront bien nous délivrer : s'ils veulent nous laisser perir, nous serons en mourant les victimes de la verité, & nous laisserons aux hommes l'exemple de préférer la vertu sans tache à une longue vie ; la mienne n'est déja que trop longue, étant si malheureuse. C'est vous seul, ô mon cher Narbal, pour qui mon cœur s'attendrit, faloit-il que vôtre amitié pour un malheureux étranger vous fût si funeste.

Nous demeurâmes long-temps dans cette espece de combat, mais enfin nous vîmes arriver un homme qui couroit hors d'haleine : c'étoit un Officier du Roy qui venoit de la part d'Astarbé. Cette femme étoit belle comme une Déesse, elle joignoit aux charmes du corps tous ceux de l'esprit, elle étoit flâteuse, enjoüée, insinuante. Avec une apparence de douceur, elle avoit un cœur cruel & plein de malignité, mais elle sçavoit cacher les sentimens corrompus par un profond artifice, elle avoit sçû gagner le cœur de Pygmalion par sa beauté, par son esprit, par sa douce voix, & par l'harmonie de sa lyre ; Pygmalion aveuglé par un violent amour pour elle, avoit abandonné la Reine Topha son épouse. Il ne songeoit qu'à contenter les passions de l'ambitieuse Astarbé. L'amour de cette femme ne lui étoit guéres moins funeste que son infame avarice. Mais quoyqu'il eût tant de passion pour elle, elle n'avoit pour lui que du mépris & du dégoût ; elle cachoit ses vrais sentimens, & elle faisoit semblant de ne vouloir vivre que pour lui, dans le tems même où elle ne pouvoit le souffrir. Il y avoit à Tyr un jeune Lydien d'une merveilleuse beauté, nommé Malachon, mais mou, efféminé, noyé dans les plaisirs ; il ne songeoit qu'à conserver la délicatesse de son teint, qu'à peigner ses cheveux blonds flotans sur ses épaules, qu'à se parfumer, qu'à donner un tour gratieux à sa robe, enfin qu'à chanter les amours sur la lyre. Astarbé le vit, l'aima, & devint furieuse ; il la méprisa, parcequ'il étoit passionné pour une autre femme ; d'ailleurs il craignit de s'exposer à la cruelle jalousie du Roi. Astarbé se sentant méprisée, s'abandonna à son ressentiment, dans son désespoir elle s'imagina qu'elle pouvoit faire passer Malachon pour l'étranger que le Roi faisoit chercher, & qu'on disoit qui étoit venu avec Narbal : en effet, elle le persuada à Pygmalion, & corrompit tous ceux qui auroient pû le détromper. Comme il n'aimoit point les hommes vertueux, & qu'il ne sçavoit point les discerner, il n'étoit environné que de gens interessez, artificieux, prompts à exécuter ses ordres injustes & sanguinaires : de telles gens craignoient l'autorité d'Astarbé, & ils lui aidoient à tromper le Roi, de peur de déplai-

à cette femme hautaine qui avoit toute sa confiance. Ainsi le jeune Malachon, quoyque connu pour Cretois dans toute la Ville, passa pour le jeune étranger que Narbal avoit amené d'Egypte; il fut mis en prison: Astarbé qui craignoit que Narbal n'allât parler au Roy, & ne découvrit son imposture, lui envoya en diligence cét Officier qui lui dit ces paroles: Astarbé vous défend de découvrir au Roi quel est vôtre étranger; elle ne vous demande que le silence, & elle sçaura bien faire en sorte que le Roi soit content de vous; cependant hâtez-vous de faire embarquer avec les Chipriens le jeune étranger que vous avez amené d'Egypte, afin qu'on ne le voye plus dans la Ville. Narbal ravi de pouvoir sauver sa vie & la mienne, promit de se taire, & l'Officier satisfait d'avoir obtenu ce qu'il demandoit, s'en retourna rendre compte à Astarbé de sa commission.

Narbal & moi nous admirâmes la bonté des Dieux qui récompensoient nôtre sincerité, & qui avoient un soin si touchant de ceux qui hazardent tout pour la vertu; nous regardions avec horreur un Roi livré à l'avarice & à la volupté. Celuy qui craint avec tant d'excés d'être trompé, disions-nous, merite de l'être; il l'est presque toûjours grossièrement, il se défie des gens de bien, & il s'abandonne à des scelerats. Voyez Pygmalion, il est le joüet d'une femme sans pudeur : cependant les Dieux se servent du mensonge des méchans pour sauver les bons, qui aiment mieux perdre la vie que de mentir; en même temps nous apperçûmes que les vents changeoient, & qu'ils devenoient favorables aux Vaisseaux de Chipre.

Les Dieux se déclarent, s'écria Narbal, ils veulent, mon cher Telemaque, vous mettre en sûreté. Fuyez cette terre cruelle & maudite. Heureux qui pourroit vous suivre jusques dans les rivages les plus inconnus! Heureux qui pourroit vivre & mourir avec vous! mais un destin severe m'attache à cette malheureuse patrie. Il faut souffrir avec elle; peut-être faudra-t'il être enseveli dans ses ruines; n'importe, pourvû que je dise toûjours la vérité, & que mon cœur n'aime que la justice. Pour vous, ô mon cher Telemaque! je prie les Dieux qui nous conduisent comme par la main, de nous accorder le plus précieux de tous leurs dons, qui est la vertu pure & sans tache jusqu'à la mort. Vivez, retournez en Itaque, consolez Penelope, délivrez-là de ses téméraires Amans; que vos deux yeux puissent voir, que vos deux mains puissent embrasser le sage Ulysse, & qu'il trouve en vous un fils égal à sa sagesse. Mais dans vôtre bonheur, souvenez-vous du malheureux Narbal, & ne cessez jamais de m'aimer.

Quand il eut achevé ces paroles, je l'arrosois de mes larmes sans luy répondre, de profonds soûpirs m'empêchoient de parler ; nous nous embrassions en silence, il me mena jusqu'au Vaisseau ; il demeura sur le rivage, & quand le Vaisseau fut parti, nous ne cessions de nous regarder encor tandis que nous pûmes nous voir.

Calypso qui avoit été jusqu'à ce moment immobile, transportée de plaisir en écoutant les avantures de Telemaque, l'interrompit pour luy faire prendre quelque repos. Il est tems, lui dit-elle, que vous alliez goûter la douceur du sommeil aprés tant de travaux, vous n'avez rien à craindre ici, tout vous est favorable, abandonnez-vous donc à la joye, à la paix, & à tous les autres dons des Dieux, dont vous allez être comblé. Demain quand l'Aurore avec ses doigts de roses entr'ouvrira les portes de l'Orient, & que les chevaux du Soleil sortant de l'onde amere, répandront les flâmes du jour pour chasser devant eux toutes les Etoiles du Ciel, nous reprendrons, mon cher Telemaque, l'histoire de vos malheurs : jamais vôtre pere n'a égalé vôtre sagesse & vôtre courage. Ni Achille vainqueur d'Hector, ni Thesée revenu des Enfers, ni même le grand Alcide qui a purgé la terre des monstres, n'ont montré autant de force & de vertu que vous. Je souhaite qu'un profond sommeil rende cette nuit courte pour vous. Mais hélas ! qu'elle sera longue pour moy ! qu'il me tardera de vous revoir, de vous entendre, de vous faire redire ce que je sçai déja, & vous demander ce que je ne sçai pas encore! Allez, mon cher Telemaque, avec le sage Mentor que les Dieux vous ont rendu : allez dans cette Grote, où tout est préparé pour vôtre repos. Je prie Morphée de répandre ses plus doux charmes sur vos paupieres appesanties, de faire couler une vapeur divine dans tous vos membres fatiguez, & de vous envoyer des songes legers, qui voltigeans autour de vous, flâtent vos sens par les images les plus riantes, & repoussent loin de vous tout ce qui pourroit vous réveiller trop promptement.

La Déesse conduisit elle-même Telemaque dans cette Grote séparée de la sienne ; elle n'étoit ni moins rustique, ni moins agréable. Une fontaine qui couloit dans un coin y faisoit un doux murmure qui appelloit le Sommeil, les Nymphes y avoient préparé deux lits d'une molle verdure, sur lesquelles elles avoient étendu deux grandes peaux, l'une de Lion pour Telemaque, & l'autre d'Ours pour Mentor.

Avant que de laisser fermer ses yeux au Sommeil, Mentor parla ainsi à Telemaque : Le plaisir de raconter vos histoires vous a entraîné, vous avez charmé la Déesse en luy racontant les dangers dont vôtre courage & vôtre industrie vous ont tiré. Par-là vous n'avez fait qu'enflâmer davantage son cœur, & que vous préparer une plus dangereuse capti-

vité. Comment esperez-vous qu'elle vous laisse maintenant sortir de son Isle, vous qui l'avez enchantée par le recit de vos avantures ? L'amour d'une vaine gloire vous a fait parler sans prudence. Quand est-ce, ô ! Telemaque, que vous serez assez sage pour ne parler jamais par vanité, & que vous sçaurez taire tout ce qui vous est avantageux, quand il n'est pas utile à dire ? Les autres admirent vôtre sagesse dans un âge où il est pardonnable d'en manquer. Pour moy je ne puis rien vous pardonner ; je suis le seul qui vous connois & qui vous aime assez pour vous avertir de toutes vos fautes. Combien êtes-vous encore éloigné de la sagesse de vôtre pere ? Mais quoi donc, répondit Telemaque ? Pouvois-je refuser à Calypso de luy raconter mes malheurs ? Non, reprit Mentor, il falloit les luy raconter, mais vous deviez le faire en ne luy disant que ce qui luy pouvoit donner de la compassion ; vous pouviez luy dire que vous aviez été tantôt errant, tantôt captif en Sicile, & puis en Egypte, c'étoit luy en dire assez & tout le reste n'a servi qu'à augmenter le poison qui brûle déja son cœur ; Plaise aux Dieux que le vôtre puisse s'en preserver. Mais que feray-je donc, continua Telemaque d'un ton moderé & docile ? Il n'est plus tems, repartit Mentor, de luy cacher ce qui reste de vos avantures ; elle en sçait assez pour ne pouvoir être trompée sur ce qu'elle
ne

ne sçait pas encore, vôtre reserve ne serviroit qu'à l'irriter : achevez donc demain de lui raconter tout ce que les Dieux ont fait en vôtre faveur, & apprenez une autrefois à parler plus sobrement de tout ce qui peut vous attirer quelque loüange. Telemaque reçût avec amitié un si bon conseil, & ils se coucherent.

SOMMAIRE DU TROISIE'ME LIVRE.

Suite du recit des Avantures de Telemaque. Tempête sur Mer dans son voiage en Chipre. Mœurs effeminez des Chipriens. Telemaque arrive dans l'Isle de Chipre. Description du Temple de Venus & de ses Sacrifices. Il retrouve Mentor, qui luy raconte ses avantures & son esclavage. Hazaël à qui Mentor avoit été vendu, prend Telemaque en affection. Le fait embarquer dans son Vaisseau, & sortir de l'Isle de Chipre. Triomphe d'Amphitrite.

LES AVANTURES DE TELEMAQUE FILS D'ULYSSE.

LIVRE TROISIE'ME.

AUssi-tôt que Phœbus eut répandu ses premiers rayons sur la terre, Mentor entendant la voix de la Déesse qui appelloit ses Nymphes dans les bois, éveilla Telemaque. Il est tems, lui dit-il, de vaincre le sommeil ; allons retrouver Calypso, mais défiez-vous de ses douces paroles. Ne luy ouvrez jamais vôtre cœur ; craignez le poison flâteur de ses loüanges. Hier elle vous élevoit au-dessus de vôtre sage pere, de l'invincible Achille, du fameux Thesée, d'Hercule devenu immortel. Sentîtes-vous combien cette loüange est excessive ? Crûtes-vous ce qu'elle disoit ? Sçachez qu'elle ne le croit pas elle-même : elle ne vous loüe, que parce qu'elle vous croît foible & assez vain pour vous laisser tromper par des loüanges disproportionnées à vos actions.

Aprés ces paroles, ils allerent au lieu où la Déeſſe les attendoit. Elle soûrit en les voyant, & cacha ſous une apparence de joye la crainte & l'inquiétude qui troubloient ſon cœur; car elle prévoyoit que Telemaque, conduit par Mentor, luy échaperoit de même qu'Ulyſſe. Hâtez-vous, dit-elle, mon cher Telemaque, de ſatisfaire ma curioſité, j'ai crû pendant toute la nuit vous voir partir de Phenicie & chercher une nouvelle deſtinée dans l'iſle de Chipre. Dites-nous donc quel fut ce voyage, & ne perdons pas un moment. Alors on s'aſſit ſur l'herbe ſemée de violettes, à l'ombre d'un bocage épais. Calypſo ne pouvoit s'empêcher de jetter ſans ceſſe des regards tendres & paſſionnez ſur Telemaque, & de voir avec indignation que Mentor obſervoit juſques au moindre mouvement de ſes yeux. Cependant les Nymphes en ſilence ſe panchoient pour prêter l'oreille, & faiſoient un demi cercle pour mieux voir & pour mieux écouter. Les yeux de l'aſſemblée étoient immobiles & attachez ſur le jeune homme. Telemaque baiſſant les yeux, & rougiſſant avec beaucoup de grace, reprit ainſi le fil de ſon diſcours.

A peine le doux ſoufle d'un vent favorable avoit rempli nos voiles, que la terre de Phenicie diſparut à nos yeux. Comme j'étois avec les Chipriens, dont j'ignorois les mœurs, je me réſolus de me taire, de remarquer tout &

d'obſerver toutes les régles de la diſcretion pour gagner leur eſtime. Mais pendant mon ſilence un ſommeil doux & puiſſant vint me ſaiſir, mes ſens étoient liez & ſuſpendus ; je goûtois une joye & une paix profonde qui enyvroit mon cœur. Tout-à-coup je crûs voir Venus qui fendoit les nuës dans ſon Char volant, conduit par deux Colombes ; elle avoit cette éclatante beauté, cette vive jeuneſſe, ces graces tendres qui parurent en elle, quand elle ſortit de l'écume de l'Ocean, & qu'elle ébloüit les yeux de Jupiter même. Elle décendit tout-d'un-coup d'un vol rapide juſques auprés de moy, me mit en ſoûriant la main ſur l'épaule ; & me nommant par mon nom, prononça ces paroles : Jeune Grec, tu vas entrer dans mon Empire, tu arriveras bien-tôt dans cette Iſle fortunée, où les plaiſirs, les jeux & les ris folâtres naiſſent ſous mes pas ; là tu brûleras des parfums ſur mes autels ; là je te plongeray dans un fleuve de délices ; ouvre ton cœur aux plus douces eſperances, & garde-toi bien de réſiſter à la plus puiſſante de toutes les Déeſſes qui veut te rendre heureux.

En même temps j'apperçûs l'enfant Cupidon, dont les petites aîles s'agitant le faiſoient voler autour de ſa mere : quoiqu'il eût ſur ſon viſage la tendreſſe, les graces, & l'enjoüëment de l'enfance, il avoit je ne ſçai quoi dans ſes yeux perçans qui me faiſoit peur ; il rioit en me regardant, ſon ris étoit malin, mocqueur & cruel, il tira de son carquois d'or la plus aiguë de ses fléches, il banda son arc, & alloit me percer, quand Minerve se montra soudainement pour me couvrir de son Egide.

Le visage de cette Déesse n'avoit point cette beauté molle & cette langueur passionnée, que j'avois remarquée dans le visage & dans la posture de Venus. C'étoit au contraire une beauté simple, négligée, modeste; tout étoit grave, vigoureux, noble, plein de force & de majesté. La fléche de Cupidon ne pouvant percer l'Egide, tomba par terre : Cupidon indigné en soûpira amerement, & eut honte de se voir vaincu. Loin d'ici, s'écria Minerve, loin d'ici, temeraire Enfant, tu ne vaincras jamais que des ames lâches qui aiment mieux les honteux plaisirs que la sagesse, la vertu & la gloire.

A ces mots l'Amour irrité s'envola, & Venus remonta vers l'Olympe; je vis long-tems son Char avec ses Colombes dans une nuée d'or & d'azur, puis elle disparut. En rebaissant les yeux vers la terre, je ne retrouvai plus Minerve! il me sembla que j'étois transporté dans un jardin délicieux, tel qu'on dépeint les Champs-Elizées. Je reconnus Mentor qui me dit : Fuyez cette cruelle terre, cette Isle empestée, où l'on ne respire que la volupté : la vertu la plus courageuse y doit trembler, & ne se peut sauver qu'en fuyant. Dés que je le vis, je me voulus jetter à son cou pour l'embrasser, mais je sentois que mes pieds ne pouvoient se mouvoir, que mes genoux se déroboient sous moi, & que mes mains s'efforçant de sentir Mentor, cherchoient une ombre vaine qui m'échapoit toûjours.

Dans cét effort je m'éveillai, & je sentis que ce songe mysterieux étoit un avertissement divin : je me sentis plein de courage contre les plaisirs, & de défiance contre moimême pour détester la vie molle des Chipriens. Mais ce qui me perça le cœur, fut que je crûs que Mentor avoit perdu la vie, & qu'ayant passé les ondes du Stix, il habitoit l'heureux séjour des ames justes. Cette pensée me fit répandre un torrent de larmes: on me demande pourquoi je pleurois. Les larmes, répondis-je, ne conviennent que trop à un malheureux étranger qui est sans esperance de revoir sa patrie : cependant tous les Chipriens qui étoient dans le Vaisseau, s'abandonnoient à une folle joye, les rameurs ennemis du travail s'endormoient sur leurs rames : le Pilote couronné de fleurs laissoit le gouvernail, & tenoit en sa main une grande cruche de vin qu'il avoit presque vuidée. Lui & tous les autres troubles par la fureur de Bachus, chantoient à l'honneur de Venus & de Cupidon, des Vers qui devoient faire horreur à tous ceux qui aiment la vertu.

Pendant qu'ils oublioient ainsi les dangers

de la mer, une soudaine tempête troubla le Ciel & l'eau, les vents déchaînez mugissoient avec fureur dans les voiles, les ondes noires battoient les flancs du Navire qui gémissoit sous leurs coups : tantôt nous montions sur le dos des vagues enflées ; tantôt la mer sembloit se dérober sous le Navire, & nous précipiter dans l'abîme, nous appercevions auprés de nous des rochers, contre lesquels les flots irritez se brisoient avec un bruit horrible. Alors je compris par experience ce que j'avois oüy dire à Mentor, que les hommes mous & abandonnez aux plaisirs, manquent de courage dans les dangers. Tous nos Chipriens abatus pleuroient comme des femmes ; je n'entendois que des cris pitoyables, que des regrets sur les délices de la vie, que de vaines promesses aux Dieux pour leur faire des sacrifices si on pouvoit arriver au Port. Personne ne conservoit assez de presence d'esprit, ni pour ordonner les Manœuvres, ni pour travailler ; il me parut que je devois en sauvant ma vie sauver celle des autres ; je pris le gouvernail en main, parce que le Pilote semblable à une Bacchante, étoit hors d'état de connoître le danger du Vaisseau ; j'encourageai les Matelots effrayez, je leur fis abaisser les voiles, ils ramérent vigoureusement ; nous passâmes au travers des écüeils, & nous vîmes de prés toutes les horreurs de la mort. Enfin nous arrivâmes dans l'Isle de Chipre.

Cette avanture parut comme un songe à tous ceux qui me devoient la conservation de leurs vies : ils me regardoient avec étonnement : nous arrivâmes dans le mois d'Avril consacré à Venus. Cette saison, disent les Chipriens, convient à cette Déesse ; car elle semble ranimer toute la nature, & faire naître les plaisirs comme les fleurs. En arrivant dans l'Isle, je sentis un air doux qui rendoit les corps lâches & paresseux, mais qui inspiroit une humeur enjoüée & folâtre. Je remarquai que la campagne naturellement fertile & agréable, étoit presque inculte, tant les habitans étoient ennemis du travail : je vis de tous côtez des femmes & des filles vainement parées qui alloient en chantant les loüanges de Venus, se dévoüer à son Temple : la beauté, les graces, la joye, les plaisirs, éclatoient également sur leurs visages : mais les graces y étoient affectées : on n'y voyoit point une noble simplicité, & une pudeur aimable qui fait le plus grand charme de la beauté. L'air de molesse, l'art de composer leurs visages, leur parure vaine, leur démarche languissante, leurs regards qui sembloient chercher ceux des hommes, leur jalousie entr'elles pour allumer de grandes passions, en un mot tout ce que je voyois dans ces femmes, me sembloit vil & méprisable : à force de me vouloir plaire, elles me dégoûtoient.

On me conduisit au Temple de la Déesse. Ce Temple est tout de marbre, c'est un parfait Peristille; les colomnes sont d'une grosseur & d'une hauteur qui rendent cét édifice trés-majestueux : au-dessus de l'architrave & de la frise, sont à chaque face de grands frontons, où l'on voit en bas reliefs toutes les plus agréables avantures de la Déesse. A la porte du Temple est sans cesse une foule de peuples qui viennent faire leurs offrandes. On n'y égorge jamais dans l'enceinte du lieu Sacré, aucune Victime ; on n'y brûle point comme ailleurs la graisse des Genisses & des Taureaux : on ne répand jamais leur sang, on presente seulement devant l'Autel les bêtes qu'on offre, & on n'en peut offrir aucune qui ne soit jeune, blanche, sans défaut & sans tache ; on les couvre de bandelettes de pourpre brodées d'or, leurs cornes sont ornées de bouquets de fleurs odoriferentes : aprés qu'elles ont été presentées devant l'Autel, on les renvoye dans un lieu écarté où elles sont égorgées pour les festins des Prêtres de la Déesse. On offre aussi toutes sortes de liqueurs parfumées, & du vin plus doux que le nectar : les Prêtres sont revêtus de grandes robes blanches avec des ceintures d'or, & des franges de même au bas de leurs robes : on brûle nuit & jour sur les Autels les parfums les plus exquis de l'Orient, & ils forment une espece de nuage qui monte vers le Ciel. Toutes les colomnes de marbre sont ornées de festons pendans, tous les vases qui servent au Sacrifice sont d'or, un bois sacré de Myrrhe environne le bâtiment : il n'y a que des jeunes garçons & des jeunes filles d'une rare beauté qui puissent presenter les Victimes aux Prêtres, & qui osent allumer le feu des Autels : mais l'impudence & la dissolution, deshonorent un Temple si magnifique.

D'abord j'eûs horreur de ce que je voyois, mais insensiblement je commençois à m'y accoûtumer, le vice ne me faisoit plus aucune peine, toutes les compagnies m'inspiroient je ne sçai quelle inclination pour le desordre : on se moquoit de mon innocence : ma retenuë & ma pudeur servoient de jouët à ces peuples effrontez. On n'oublioit rien pour exciter toutes mes passions, pour me tendre des pieges, & pour réveiller en moy le goût des plaisirs. Je me sentois affoiblir tous les jours, la bonne éducation que j'avois reçûë, ne me soûtenoit presque plus, toutes mes bonnes resolutions s'évanoüissoient ; je ne me sentois plus la force de resister au mal qui me pressoit de tous côtez ; j'avois même une mauvaise honte de la vertu ; j'étois comme un homme qui nage dans une riviere profonde & rapide, d'abord il fend les eaux & remonte contre le torrent ; mais si les bords sont escarpez, & s'il ne peut se reposer sur le rivage, il se lasse enfin peu à peu, sa force l'abandonne ; ses membres épuisez s'engourdissent, & le cours du fleuve l'entraîne ; ainsi mes yeux commençoient à s'obscurcir, mon cœur tomboit en défaillance ; je ne pouvois plus ni rapeller ni ma raison, ni le souvenir des malheurs de mon pere ; le songe où je croyois avoir vû le sage Mentor descendu aux Champs Elizées, achevoit de me décourager, une secrete & douce langueur s'emparoit de moi, j'aimois déja le poison flâteur qui se glissoit de veine en veine, & qui penetroit jusques à la moëlle de mes os. Je poussois neanmoins encore de profonds soûpirs, je versois des larmes ameres, je rugissois comme un Lion dans ma fureur. O ! malheureuse jeunesse, disois-je ! ô Dieux qui vous joüez cruellement des hommes ! pourquoi les faites-vous passer par cét âge qui est un tems de folie ou de fiévre ardente ? O ! que ne suis-je couvert de cheveux blancs, courbé & proche du tombeau, comme Laërte mon Ayeul ? la mort me seroit plus douce que la foiblesse honteuse où je me vois.

A peine avois-je ainsi parlé, que ma douleur s'adoucissoit, & que mon cœur enyvré d'une folle passion, secoüoit presque toute pudeur, puis je me voyois plongé dans un abîme de remords : pendant ce trouble je courois çà & là dans le sacré bocage, semblable à une biche qu'un chasseur a blessée, elle court au travers des vastes forêts pour soulager sa douleur, mais la flèche qui l'a percée dans le flanc, la suit par tout ; elle porte par tout le trait meurtrier : ainsi je courois en vain pour m'oublier moy-même, & rien n'adoucissoit la playe de mon cœur.

En ce moment j'apperçûs assez loin de moy dans l'ombre épaisse de ce bois la figure du sage Mentor : mais son visage me parût si pâle, si triste & austere, que je n'en pûs ressentir aucune joye : Est-ce vous donc, ô mon cher ami, mon unique esperance ? Est-ce vous ? Quoi donc est-ce vous-même ? Une image trompeuse ne vient-elle pas abuser mes yeux ? Est-ce vous, ô Mentor ? N'est-ce point vôtre ombre encore sensible à mes maux ? N'êtes-vous point au rang des ames bien-heureuses qui joüissent de leur vertu, & à qui les Dieux donnent des plaisirs purs dans une éternelle paix aux Champs Elizées ? Mentor, vivez-vous encore ? Suis-je assez heureux pour vous posseder, ou bien n'est-ce qu'un ombre de mon ami ? En disant ces paroles, je courois vers lui tout transporté jusqu'à perdre la respiration, il m'attendoit tranquillement sans faire aucun pas vers moi. O Dieux! vous le sçavez, quelle fut ma joye, quand je sentis que mes bras le touchoient. Non ce n'est pas une vaine ombre, je le tiens, je l'embrasse, mon cher Mentor, c'est ainsi que je m'écriai ; j'arrosai son visage d'un torrent de larmes ; je demeurois attaché à son col sans pouvoir parler. Il me regarde tristement avec des yeux pleins d'une tendre compassion. Enfin je lui dis : Helas ! d'où venez-vous ? En quels dangers ne m'avez-vous point laissé pendant vôtre absence ? & que ferois-je maintenant sans vous ? Mais sans répondre à mes questions. Fuyez, me dit-il d'un ton terrible, fuyez, hâtez-vous de fuir : icy la terre ne porte pour fruit que du poison, l'air qu'on respire est empesté, les hommes contagieux ne se parlent que pour se communiquer un venin mortel, la volupté lâche & infame, qui est le plus horrible des maux sorti de la boëte de Pandore, amolit tous les cœurs, & ne souffre icy aucune vertu. Fuyez, que tardez-vous ? ne regardez pas même derriere vous en fuyant, effacez jusqu'au moindre souvenir de cette Isle execrable.

Il dit, & aussi-tôt je sentis comme un nuage épais qui se dissipoit sur mes yeux, & qui me laissoit voir la pure lumiere ; une joye douce & pleine d'un ferme courage renaissoit dans mon cœur. Cette joye étoit bien differente de cette joye molle & folâtre dont mes sens avoient été empoisonnez ; l'une est une joye d'ivresse & de trouble qui est entrecoupée de passions furieuses, de cuisans remords ; l'autre est une joye de raison qui a quelque chose de bien-heureux & de celeste : elle est toûjours pure & égale, rien ne peut l'épuiser;

lus on s'y plonge, plus elle est douce ; elle ravit l'ame sans la troubler. Alors je versay des larmes de joye, & je trouvay que rien n'étoit si doux que de pleurer ainsi. Heureux, disois-je, les hommes à qui la vertu se montre dans toute sa beauté ! Peut-on la voir sans l'aimer, peut-on l'aimer sans être heureux ?

Mentor me dit ; Il faut que je vous quitte, je pars dans ce moment, il ne m'est pas permis de m'arrêter : Où allez-vous donc, luy répondis-je ! en quelle terre inhabitable ne vous suivrai-je point ? Ne croyez pas pouvoir m'échaper, je mourray plûtôt sur vos pas. En disant ces paroles, je le tenois serré de toute ma force : C'est en vain, me dit-il, que vous esperez de me retenir. Le cruel Metophis me vendit à des Ethiopiens ou Arabes, ceux-cy étant allez à Damas en Syrie pour leur commerce, voulurent se défaire de moy, & croyant en tirer une grande somme, ils me vendirent à un homme Hazaël qui cherchoit un esclave Grec pour connoître les mœurs de la Grece, & pour s'instruire de nos sciences. En effet, Hazaël m'acheta cherement : Ce que je luy ay appris de nos mœurs luy a donné la curiosité de passer dans l'Isle de Crete pour étudier les sages Loix de Minos. Pendant nôtre Navigation les vents nous ont contraints de relâcher dans l'Isle de Chipre, en attendant un vent favorable ; il est venu faire ses offrandes au Temple, le voila qu'il en sort ; les vents nous apellent, déja nos voiles s'enflent. Adieu, mon cher Telemaque, un esclave qui craint les Dieux doit suivre fidelement son Maître, les Dieux ne me permettent plus d'être à moy; si j'étois à moy, ils le sçavent, je ne serois qu'à vous seul. Adieu, souvenez vous des travaux d'Ulysse & des larmes de Penelope, souvenez-vous des justes Dieux. O Dieux, protecteurs de l'innocence! en quelle terre suis-je contraint de laisser Telemaque.

Non, non, lui dis-je, mon cher Mentor: il ne dépendra pas de vous de me laisser ici! Plûtôt mourir que de vous voir partir sans moy. Ce maître Syrien est-il si impitoyable? Est-ce une Tygresse dont il a succé les mamelles dans son enfance? Voudra-t'il vous arracher d'entre mes bras, il faut qu'il me donne la mort, ou qu'il souffre que je vous suive; vous m'exhortez vous-même à fuïr, & vous ne voulez pas que je fuïe en suivant vos pas: je vais parler à Hazaël, il aura peut-être pitié de ma jeunesse & de mes larmes! Puisqu'il aime la sagesse & qu'il va si loin la chercher; il ne peut point avoir un cœur feroce & insensible, je me jetterai à ses pieds, j'embrasserai ses genoux, je ne le laisserai point aller qu'il ne m'ait accordé de vous suivre: mon cher Mentor, je me ferai esclave avec vous, je lui offrirai de me donner à lui; s'il me refuse, c'est fait, je me délivrerai de la vie.

Dans ce moment Hazaël appella Mentor;
je

je me prosternai devant lui ; il fut surpris de voir un inconnu dans cette posture : Que voulez-vous, me dit-il ? La vie, lui répondis-je ; car je ne puis vivre, si vous ne souffrez que je suive Mentor qui est à vous. Je suis le fils du grand Ulysse le plus sage des Rois de la Grece, qui ont renversé la superbe ville de Troye fameuse dans toute l'Asie. Je ne vous dis pas ma naissance pour me vanter, mais seulement pour vous inspirer quelque pitié de mes malheurs. J'ay cherché mon pere dans toutes les mers, ayant avec moi cét homme qui étoit pour moi un autre pere ; la fortune pour comble de maux me l'a enlevé, elle l'a fait vôtre esclave, souffrez que je le sois aussi. S'il est vrai que vous aimiez la justice & que vous alliez en Crete pour apprendre les Loix du bon Roy Minos, n'endurcissez point vôtre cœur contre mes soûpirs & mes larmes. Vous voyez le fils d'un Roy qui est réduit à demander la servitude comme son unique ressource. Autrefois j'ai voulu mourir en Sicile pour éviter l'esclavage, mais mes premiers malheurs n'étoient que de foibles essais des outrages de la fortune ; maintenant je crains de ne pouvoir pas être reçû parmi vos esclaves. O Dieux ! voyez mes maux ; ô Hazaël, souvenez-vous de Minos dont vous admirez la sagesse, & qui nous jugera tous deux dans le Royaume de Pluton.

Hazaël me regardant avec un visage doux & humain me tendit la main & me releva :

Je n'ignore pas, me dit-il, la sagesse & la vertu d'Ulysse. Mentor m'a raconté souvent quelle gloire il a acquise parmi les Grecs, & d'ailleurs la prompte Renommée a fait entendre son nom à tous les peuples d'Orient. Suivez-moy, fils d'Ulysse, je serai vôtre pere jusqu'à ce que vous ayez retrouvé celui qui vous a donné la vie. Quand même je ne serois pas touché de la gloire d'Ulysse, de ses malheurs & des vôtres, l'amitié que j'ai pour Mentor, m'engageroit à prendre soin de vous : il est vrai que je l'ai acheté comme esclave, mais je le regarde comme un ami fidéle ; l'argent qu'il m'a coûté, m'a acquis le plus cher & le plus précieux ami que j'aye sur la terre; j'ai trouvé en lui la sagesse, je lui dois tout ce que j'ai d'amour pour la vertu. Dés ce moment il est libre, vous le serez aussi, je ne vous demande à l'un & à l'autre que vôtre cœur.

En un instant je passai de la plus amere douleur à la plus vive joye que les hommes peuvent sentir. Je me voyois sauvé d'un horrible danger, je m'approchois de mon païs, je trouvois un secours pour y retourner, je goûtois la consolation d'être auprés d'un homme qui m'aimoit déja par le pur amour de la vertu ; enfin je trouvois tout en retrouvant Mentor pour ne le plus quitter. Hazaël s'avance sur le sable du rivage, nous le suivons, on entre dans le Vaisseau, les rameurs fendent les ondes paisibles, un Zephir leger se jouë de nos Voiles & anime tout le Vaisseau, & lui donne un doux mouvement, l'Isle de Chipre disparoît bien-tôt.

Hazaël qui avoit impatience de connoître mes sentimens, me demanda ce que je pensois des mœurs de cette Isle, je lui dis ingénuëment en quels dangers ma jeunesse avoit été exposée, & le combat que j'avois souffert au-dedans de moi. Il fut touché de mon horreur pour le vice, & dit ces paroles : O Venus, je reconnois vôtre puissance & celle de vôtre fils. J'ai brûlé de l'encens sur vos Autels : mais souffrez que je déteste l'infame molesse des habitans de vôtre Isle, & l'impudence brutale avec laquelle ils celebrent vos Fêtes.

Ensuite il s'entretenoit avec Mentor de cette premiere Puissance qui a formé le Ciel & la terre, de cette Lumiere simple, infinie, immuable, qui se donne à tous sans se partager, de cette Verité souveraine & universelle, qui éclaire tous les esprits comme le Soleil éclaire tous les corps. Celui, ajoûtoit-il, qui n'a jamais vû cette Lumiere pure, est aveugle comme un aveugle né, il passe sa vie dans une profonde nuit, comme les peuples que le Soleil n'éclaire point pendant plusieurs mois de l'année. Il croit être sage, & il est fou : il croit tout voir, & il ne voit rien : il meurt n'ayant jamais rien vû, tout au plus il n'apperçoit que de sombres &

fausses lueurs, que de vaines ombres, que des fantômes qui n'ont rien de réel. Ainsi sont tous les hommes entraînez par le plaisir des sens & par le charme de l'imagination. Il n'y a point sur la terre de véritables hommes, excepté ceux qui consultent, qui aiment, qui suivent cette raison éternelle : c'est elle qui nous inspire, quand nous pensons bien : c'est elle qui nous reprend, quand nous pensons mal. Nous ne tenons pas moins d'elle la raison que la vie. Elle est comme un grand ocean de lumiere ; nos esprits sont comme des petits ruisseaux qui en sortent, & qui y retournent pour s'y perdre.

Quoyque je ne comprisse pas encore parfaitement la sagesse de ce discours, je ne laissois pas d'y goûter je ne sçai quoi de pur & de sublime ; mon cœur en étoit échauffé, & la verité me sembloit reluire dans toutes ces paroles. Ils continuérent à parler de l'origine des Dieux, des Heros, des Poëtes, de l'âge d'or, du Deluge, des premieres Histoires du genre humain, du fleuve d'oubli où se plongent les ames des morts, des peines éternelles préparées aux impies dans le goufre noir du Tartare, & de cette heureuse paix dont joüissent les Justes dans les Champs Elisées, sans crainte de la pouvoir perdre.

Pendant qu'Hazaël & Mentor parlôient, nous apperçûmes des Dauphins couverts d'une écaille qui paroissoit d'or & d'azur, lesquels en se joüant soûlevoient les flots avec beaucoup d'écume. Aprés eux venoient des Tritons qui sonnoient de la trompette avec leurs conques recourbées. Ils environnoient le Char d'Amphitrie traîné par des chevaux marins plus blancs que la neige , & qui fendant l'onde salée , laissoient loin derriere eux un vaste sillon dans la mer. Leurs yeux étoient enflâmez , & leurs bouches fumantes : Le Char de la Déesse étoit une conque d'une merveilleuse figure , elle étoit d'une blancheur plus éclatante que l'yvoire , & les roüës étoient d'or. Ce Char sembloit voler sur la face des eaux. Une troupe de Nymphes couronnées de fleurs nageoient en foule derriere le Char ; leurs beaux cheveux pendoient sur leurs épaules , & flotoient au gré des vents. La Déesse tenoit d'une main un sceptre d'or pour commander aux vagues , de l'autre elle portoit sur ses genoux le petit Dieu Palemon , son fils, pendant à sa mamelle : elle avoit un visage serein & une douce majesté qui faisoit enfuïr les vents séditieux & toutes les noires tempêtes. Les Tritons conduisoient les chevaux & tenoient les rênes dorées. Une grande voile de pourpre flotoit dans l'air au-dessus du Char , elle étoit à demi enflée par le soufle d'une multitude de petits Zephirs qui s'efforçoient de la pousser par leurs haleines. On voyoit au milieu des airs Eole empressé, inquiet & ardent, son visage ridé & chagrin, sa voix menaçante, ses sourcils épais & pendans, ses yeux pleins d'un feu sombre & austere, tenoient en silence les fiers Aquilons, & repoussoient tous les nuages. Les immenses Baleines & tous les Monstres marins faisant avec leurs narines un flux & reflux de l'onde amere, sortoient à la hâte des Grotes profondes pour voir la Déesse.

SOMMAIRE
DU QUATRIE'ME LIVRE.

ARrivée en Crete avec sa description. Histoire tragique d'Idomenée Roi de Crete qui tuë son propre fils & abandonne son Royaume. Le peuple s'assemble pour en élire un autre. On propose des jeux, & le Victorieux doit avoir la Couronne. Description des jeux de Lutte, de Ceste, & de course de chariots. Telemaque combat par curiosité seulement, & pour éprouver son adresse, il emporte le prix dans tous les jeux. On l'introduit dans l'assemblée des Vieillards qui doivent élire le Roi suivant les Loix : ils lui proposent trois questions. Quel est le plus libre de tous les hommes : Qui est le plus malheureux de tous les hommes : Lequel est préférable d'un Roi conquerant, ou d'un pacifique : Il y répond suivant l'esprit & le sentiment des Loix de Minos. On veut le faire Roy, mais Mentor lui remontre qu'il a une patrie, & que c'est à elle qu'il se doit, qu'il doit revoir Ulysse & Penelope. Il céde aux remontrances de Mentor. Les Cretois lui demandent un Roy de son choix : il leur montre Mentor qui refuse & explique les dangers de la Royauté. On propose la Couronne à Hazaël qui la refuse aussi. Mentor leur indique un d'entre

tux nommé *Aristodeme*, qui accepte ses des conditions. Le nouveau Roi donne à *Mentor* & à *Telemaque* un Vaisseau pour retourner dans leur païs. Ils s'embarquent & quittent la Crete : Sur la mer, nouvelle tempête qui brise le Vaisseau. *Telemaque* & *Mentor* se sauvent sur un morceau du mats brisé, & abordent à l'Isle de *Calypso*. Là finit le recit de *Telemaque*, & l'Historien continuë. Inquiétude de *Calypso* pour découvrir qui étoit *Mentor*.

LES AVANTURES DE TELEMAQUE FILS D'ULYSSE.

LIVRE QUATRIE'ME.

APRE'S que nous eûmes admiré ce spectacle, nous commençâmes à découvrir les Montagnes de Crete que nous avions encore assez de peine à distinguer des nuées du Ciel & des flots de la mer. Bientôt nous vîmes le sommet du Mont-Ida qui s'éleve au-dessus des autres Montagnes de l'Isle, comme un vieux Cerf dans une forêt porte ses bois rameux au-dessus des têtes des jeunes Faons dont il est suivi. Peu à peu nous vîmes distinctement les Côtes de cette Isle, qui se presentoient à nos yeux comme un Amphiteâtre. Autant que la terre de Chypre nous avoit paru négligée & inculte, autant celle de Crete se montroit fertile & ornée de tous les fruits par le travail de ses Habitans. De tous côtez nous remarquions des Villages bien bâtis, des Bourgs qui égaloient des Villes, & des Villes superbes; nous ne trouvions ni Vallées ni Montagnes où la main du diligent Laboureur ne fut imprimée. Par tout la charuë avoit laissé de creux sillons : les ronces, les épines, & toutes les plantes qui occupent inutilement la terre, sont inconnuës en ce païs. Nous considerions avec plaisir les creux vallons où les troupeaux de bœufs mugissent dans les gras pâturages le long des ruisseaux; les moutons paissans sur le penchant d'une coline; les vastes campagnes couvertes de jeunes épics, riches dons de la féconde Cerés; enfin les Montagnes ornées de Pampres & de grapes d'un raisin déja coloré, qui promettoit aux Vendangeurs les doux presens de Bachus qui charment les soucis des hommes.

Mentor nous dit qu'il avoit été autrefois en Crete, & il nous expliqua ce qu'il en connoissoit. Cette Isle, disoit-il, admirée de tous les Etrangers, & fameuse par ces cent Villes, nourrit sans peine tous ses habitans, quoyqu'ils soient innombrables, c'est que la terre ne cesse jamais de répandre ses biens sur ceux qui la cultivent. Son sein fécond ne peut s'épuiser. Plus il y a d'hommes dans un païs, pourvû qu'ils soient laborieux, plus ils joüissent de l'abondance. Ils n'ont jamais besoin d'être jaloux les uns les autres; la terre, cette bonne mere, multiplie ses dons selon le nombre de ses enfans, qui meritent ses fruits par leur travail. L'ambition & l'avarice des hommes sont les seules sources de leurs malheurs. Les hommes veulent tout avoir, & ils se rendent malheureux par le desir superflu ; s'ils vouloient vivre simplement & se contenter de satisfaire aux vrais besoins, on verroit par tout l'abondance, la joye, l'union & la paix. C'est ce que Minos le plus sage & le meilleur de tous les Rois, avoit compris ; tout ce que vous verrez de plus merveilleux dans cette Isle, est le fruit de ses loix.

L'éducation qu'il faisoit donner aux enfans ; rend les corps sains & robustes. On les accoûtume d'abord à une vie simple, frugale, laborieuse ; on suppose que toute volupté amolit le corps & l'esprit. On ne leur propose jamais d'autre plaisir que celui d'être invincible par la vertu, & d'acquerir beaucoup de gloire. On ne met pas seulement ici le courage à mépriser la mort dans les dangers de la guerre, mais à fouler aux pieds les grandes richesses & les plaisirs honteux. Ici on punit trois vices qui sont impunis chez les autres peuples, l'ingratitude, la dissimulation, l'avarice.

Pour le faste & la molesse, on n'a jamais besoin de les réprimer, car ils sont inconnus en Crete, tout le monde y travaille, & personne ne songe à s'y enrichir. Chacun se croit assez payé de son travail par une vie douce & réglée, où on joüit en paix & avec abondance de tout ce qui est véritablement necessaire à la vie. On n'y souffre ni meubles précieux, ni habits magnifiques, ni festins délicieux, ni Palais dorez. Les habits sont de laine fine & de belle couleur, mais tout unis & sans broderie; les repas y sont sobres, on y boit peu de vin, le bon pain en fait la principale partie, avec les fruits que les arbres offrent comme d'eux-mêmes, & le lait des troupeaux. Tout au plus on y mange de grosses viandes sans ragoût, encore même a-t'on soin de réserver ce qu'il y a de meilleur dans les grands troupeaux de bœufs pour faire fleurir l'agriculture. Les maisons y sont propres, commodes, riantes, mais sans ornemens; la superbe architecture n'y est pas ignorée, mais elle est réservée pour les Temples des Dieux, & les hommes n'oseroient avoir de maisons semblables à celles des Immortels. Les grands biens des Cretois sont la santé, la force, le courage, la paix, & l'union des familles, la liberté de tous les Citoyens, l'abondance des choses necessaires, les mépris des superfluës, l'habitude du travail & l'horreur de l'oisiveté, l'émulation pour la vertu, la soûmission aux loix & la crainte des justes Dieux.

Je lui demandai en quoi consistoit l'autorité du Roi, & il me répondit; Il peut tout sur les peuples, mais les Loix peuvent tout sur lui. Il a une puissance absoluë pour faire le bien, & les mains liées dés qu'il veut faire le mal. Les loix lui confient les peuples comme le plus précieux de tous les dépôts, à conditions qu'il sera le pere de ses sujets. Elles veulent qu'un seul homme serve par sa sagesse & par sa moderation, à la felicité de tant d'hommes, & non pas que tant d'hommes servent par leur misere & par leur servitude lâche, à flâter l'orgueil & la molesse d'un seul homme. Le Roi ne doit rien avoir au-dessus des autres, excepté ce qui est necessaire ou pour le soulager dans ses penibles fonctions, ou pour imprimer aux peuples le respect de celui qui doit soûtenir les loix. D'ailleurs le Roi doit être plus sobre, plus ennemi de la molesse, plus exempt de faste & de hauteur qu'aucun autre. Il ne doit point avoir plus de richesses & de plaisirs, mais plus de sagesse, de vertu & de gloire que le reste des hommes. Il doit être au-dehors le défenseur de la patrie, en commandant les armées, & au-dedans le Juge des peuples pour les rendre bons, sages & heureux. Ce n'est point pour lui-même que les Dieux l'ont fait Roi, il ne l'est que pour être l'homme des peuples. C'est aux peuples qu'il doit tout son tems, tous ses soins, toute son affection, & il n'est digne de la Royauté qu'autant qu'il s'oublie lui-même pour se sacrifier au bien public. Minos n'a voulu que ses enfans regnassent aprés lui, qu'à condition qu'ils regneroient suivant ces maximes. Il aimoit encore plus son peuple que sa famille. C'est par une telle sagesse qu'il a rendu la Crete si puissante & si heureuse. C'est par cette moderation qu'il a effacé la gloire de tous les Conquerans qui veulent faire servir les peuples à leur propre grandeur, c'est-à-dire, à leur vanité. Enfin, c'est par la justice qu'il a merité d'être aux enfers le souverain Juge des morts.

Mentor faisoit encor ce discours quand nous abordâmes dans l'Isle; nous vîmes le fameux Labyrinte, ouvrage des mains de l'ingenieux Dedale, & qui étoit une imitation du grand Labyrinte que nous avions vû en Egypte. Pendant que nous considerions ce curieux édifice, nous vîmes le peuple qui couroit le rivage, & qui accouroit en foule dans un lieu assez voisin du bord de la mer. Nous demandâmes la cause de leur empressement, & voici ce qu'un Cretois nommé Nausicrate nous raconta.

Idomenée fils de Deucalion, & petit-fils de Minos, étoit allé comme les autres Rois de la Grece au siége de Troye. Aprés la ruïne de cette Ville, il fit voile pour revenir en Crete; mais la tempête fut si violente, que le Pilote de son Vaisseau & tous les autres qui étoient experimentez dans la Navigation, crurent que leur naufrage étoit inévitable.

Chacun avoit la mort devant les yeux ; chacun voyoit les abîmes ouverts pour l'engloutir, chacun déploroit son malheur, n'esperant pas même le triste repos des ombres qui traversent le Styx aprés avoir reçû la sepulture. Idomenée levant les yeux & les mains vers le Ciel, invoquoit Neptune. O puissant Dieu ! s'écrioit-il, toi qui tiens l'empire des ondes, daigne écouter un malheureux ; si tu me fais revoir l'Isle de Crete malgré la fureur des vents, je t'immolerai la premiere tête qui se presentera à mes yeux.

Cependant son fils impatient de le revoir, se hâtoit d'aller au-devant de lui pour l'embrasser ; malheureux qui ne sçavoit pas que c'étoit courir à sa perte. Le pere échapé à la tempête, arrivoit dans le Port desiré. Il remercioit Neptune d'avoir écouté ses vœux, mais bien-tôt il sentit combien ses vœux lui étoient funestes : un pressentiment de son malheur lui donnoit un cuisant repentir de son vœu indiscret : il craignoit d'arriver parmi les siens, il baissoit les yeux, il apprehendoit de voir ce qu'il avoit de plus cher au monde. Mais la cruelle Nemesis Déesse impitoyable, qui veille pour punir les hommes, & sur tout les Rois orgueilleux, poussoit d'une main fatale & invincible Idomenée. Il arrive, à peine ose-t'il lever les yeux, il voit son fils, il recule saisi d'horreur : ses yeux cherchent, mais en vain, quelqu'autre tête qui puisse lui servir de victime.

K iiij

Cependant le fils se jette à son cou, & est tout étonné que son pere répond si mal à sa tendresse ; il le voit fondant en larmes. O mon pere, dit-il ! d'où vient cette tristesse, aprés une si longue absence ? Estes-vous fâché de vous revoir dans vôtre Royaume, & de faire la joye de vôtre fils ! Qu'ai-je fait ? Vous détournez vos yeux de peur de me voir.

Le pere accablé de douleur ne répondoit rien. Enfin, aprés de profonds soûpirs, il dit : Ah ! Neptune, que t'ai-je promis ? A quel prix m'as-tu garanti du naufrage ? Rends moi aux vagues & aux rochers qui devoient en me brisant finir ma triste vie. Laisse vivre mon fils, ô Dieu cruel, tiens voila mon sang, épargne le sien. En parlant ainsi, il tira son épée pour se percer : mais tous ceux qui étoient auprés de lui, arrêterent sa main. Le vieillard Sophronyme, interpréte des volontez des Dieux, lui assura qu'il pouroit contenter Neptune sans donner la mort à son fils : Vôtre promesse, disoit-il, a été imprudente, les Dieux ne veulent point être honorez par la cruauté : gardez-vous bien d'ajoûter à la faute de vôtre promesse celle de l'accomplir contre les loix de la nature ; offrez cent Taureaux plus blancs que la neige à Neptune ; faites couler leur sang autour de son Autel couronné de fleurs, faites fumer un doux encens en l'honneur de ce Dieu.

Idomenée écoutoit ce discours la tête baistée & sans répondre, la fureur étoit allumée dans ses yeux; son visage pâle & défiguré changeoit à tout moment de couleur, on voyoit ses membres tremblans ; cependant son fils lui disoit : Me voici, mon pere, vôtre fils est prêt à mourir pour appaiser le Dieu. Je meurs content, puisque ma mort vous aura garanti de la vôtre : Frapez, mon pere, ne craignez point de trouver en moi un fils indigne de vous, qui apprehende de mourir.

En ce moment Idomenée tout hors de lui, & comme déchiré par les furies infernales, surprend tous ceux qui l'observoient de prés. Il enfonce son épée dans le cœur de cet enfant, il la retire toute fumante & toute pleine de sang pour la plonger dans ses propres entrailles ; il est encore une fois retenu par ceux qui l'environnent, l'enfant tombe dans son sang, ses yeux se couvrent des ombres de la mort ; il les entr'ouve à la lumiere, mais à peine l'a-t'il trouvée, qu'il ne peut plus la supporter. Tel qu'un beau lys au milieu des champs coupé dans sa racine par le tranchant de la charuë, languit & ne se soûtient plus, il n'a point encore perdu cette vive blancheur & cet éclat qui charme les yeux ; mais la terre ne le nourrit plus, & sa vie est éteinte. Ainsi le fils d'Idomenée, comme une jeune & tendre fleur, est cruellement moissonné dés son premier âge. Le pere dans l'excez de sa douleur devient insensible, il ne sçait où il est, ni ce qu'il fait, ni ce qu'il doit faire ; il marche chancelant vers la Ville & demande son fils. Cependant le peuple touché de compassion pour l'enfant, & d'horreur pour l'action barbare du pere, s'écrie que les Dieux justes l'ont livré aux furies : la fureur leur fournit des armes : ils prennent des bâtons & des pierres. La discorde souffle dans tous les cœurs un venin mortel ; les Cretois, les sages Cretois oublient la sagesse qu'ils ont tant aimée ; ils ne reconnoissent plus le petit-fils du sage Minos. Les amis d'Idomenée ne trouvent plus d'autre salut pour lui, qu'en le ramenant vers ses Vaisseaux. Ils s'embarquent avec lui, ils fuïent à la merci des ondes. Idomenée revenant à soi, les remercie de l'avoir arraché d'une terre qu'il a arrosée du sang de son fils, & qu'il ne sçauroit plus habiter. Les vents le conduisent vers l'Hesperie, & ils vont fonder un nouveau Royaume dans le pays des Salentins.

Cependant les Cretois n'ayant plus de Roi pour les gouverner, ont résolu d'en choisir un qui conserve dans leur pureté les loix établies. Voici les mesures qu'ils ont prises pour faire ce choix : tous les principaux Citoyens des cent Villes sont assemblez ; on a déja commencé par des sacrifices : on a assemblé tous les Sages les plus fameux des pays voisins pour examiner la sagesse de ceux qui paroîtront dignes de commander. On a préparé des jeux publics où tous les prétendans combattent ;

ar on veut donner la Royauté pour prix, à celui qu'on jugera vainqueur de tous les autres, & pour l'esprit & pour le corps. On veut un Roi dont le corps soit fort & adroit, & dont l'ame soit ornée de sagesse & de vertu : on appelle ici tous les Etrangers.

Aprés nous avoir raconté toute cette Histoire étonnante, Nausicrate nous dit : Hâtez-vous donc, ô Etrangers, de venir dans nôtre assemblée, vous combattrez avec les autres, & si les Dieux destinent la victoire à l'un de vous deux, il regnera en paix. Nous le suivîmes sans aucun desir de vaincre, mais dans la seule curiosité de voir une chose si extraordinaire.

Nous arrivâmes à une espece de Cirque trés-vaste, environné d'une épaisse forêt : le milieu du Cirque étoit une arêne préparée pour les Combatans : elle étoit bordée par un grand Amphiteâtre d'un gazon frais, sur lequel étoit assis & rangé un peuple innombrable. Quand nous arrivâmes, on nous reçût avec honneur : car les Cretois sont les peuples du monde qui exercent le plus noblement & avec plus de religion l'hospitalité. On nous fit asseoir, & on nous invita à combattre : Mentor s'en excusa sur son âge, & Hazaël sur sa foible santé : ma jeunesse & ma vigueur m'ôtoient toute excuse. Je jettai neanmoins un coup d'œil sur Mentor pour découvrir sa pensée, & j'apperçûs qu'il souhaltoit que je combatisse. J'acceptay donc l'offre qu'on me faisoit ; je me dépoüillay de mes habits : on fit couler des flots d'huile douce & luisante sur tous les membres de mon corps, & je me mêlai parmi les combatans. On dit de tous côtez que c'étoit le fils d'Ulysse qui étoit venu pour tâcher de remporter le prix ; & plusieurs Cretois qui avoient été à Itaque pendant mon enfance, me reconnurent.

Le premier combat fut celui de la lutte, un Rhodien d'environ trente-cinq ans, surmonta tous les autres qui oserent se presenter à luy ; il étoit encore dans toute la vigueur de la jeunesse ; ses bras étoient nerveux & bien nourris, au moindre mouvement qu'il faisoit, on voyoit tous ses muscles ; il étoit également souple & fort : je ne lui parus pas digne d'être vaincu ; & regardant avec pitié ma tendre jeunesse, il voulut se retirer ; mais je me presentai à lui. Alors nous nous saisîmes l'un l'autre, nous nous serrâmes à perdre la respiration, nous étions épaule contre épaule, pied contre pied, tous les nerfs tendus & les bras entrelassez comme des serpens, chacun s'éforçant d'enlever de terre son ennemy ; tantôt il essayoit de me surprendre en me poussant du côté droit, tantôt il s'éforçoit de me pancher du côté gauche ; pendant qu'il me tenoit ainsi, je le poussai avec tant de violence, que ses reins plierent ;

tomba sur l'arêne, il m'entraîna sur luy, en vain il tâcha de me mettre dessous ; je le tins immobile sous moi. Tout le peuple cria: Victoire au fils d'Ulysse ! Et j'aiday au Rhodien confus à se relever.

Le combat du Ceste fut plus difficile ; le fils d'un riche Citoyen de Samos avoit acquis une haute réputation dans ce genre de combat ; tous les autres lui cederent : il n'y eût que moy qui esperai la victoire : d'abord il me donna dans la tête, & puis dans l'estomac, des coups qui me firent vomir le sang, & qui répandirent sur mes yeux un épais nuage : je chancelai, il me pressoit, & je ne pouvois plus respirer : mais je fus ranimé par la voix de Mentor qui me crioit. O fils d'Ulysse, seriez-vous vaincu ? La colere me donna de nouvelles forces, j'évitai plusieurs coups dont j'aurois été accablé : aussi-tôt que le Samien m'avoit porté un faux coup, & que son bras s'alongeoit en vain, je le surprenois dans cette posture panchée : déja il reculoit, quand je haussai mon Ceste pour tomber sur lui avec plus de force : il voulut esquiver, & pendant l'équilibre, il me donna le moyen de le renverser. A peine fut-il étendu par terre, que je lui tendis la main pour le relever : il se redressa lui-même couvert de poussiére & de sang : sa honte fut extrême, mais il n'osa renouveller le combat.

Aussi-tôt on commença les courses de

Chariots que l'on diſtribua au ſort : le mien ſe trouva le moindre pour la legereté des rouës, & pour la vigueur des chevaux. Nous partons, un nuage de pouſſiére vole & couvre le Ciel ; au commencement je laiſſai les autres paſſer devant moi : un jeune Lacedemonien, nommé Crantor, laiſſoit d'abord tous les autres derriere lui. Un Cretois nommé Polyclete le ſuivoit de prés. Hippomaque parent d'Idomenée qui aſpiroit à lui ſucceder, lâchoit les rênes à ſes chevaux fumans de ſueur, il étoit panché ſur leurs crins flotans, & le mouvement des rouës de ſon Chariot étoit ſi rapide, qu'elles paroiſſoient immobiles comme les ailes d'un Aigle qui fend les airs. Mes chevaux s'animérent & ſe mirent peu à peu en haleine : je laiſſai loin derriere moi preſque tous ceux qui étoient partis avec tant d'ardeur. Hippomaque parent d'Idomenée, pouſſant trop ſes chevaux, le plus vigoureux s'abatit, & ôta par ſa chûte à ſon maître l'eſperance de regner. Polyclete ſe penchant trop ſur ſes chevaux, ne pût ſe tenir ferme, d'une ſecouſſe il tomba, les rênes lui échaperent, & il fut trop heureux de pouvoir en tombant éviter la mort. Piſiſtrate voyant avec des yeux pleins d'indignation que j'étois tout auprés de lui, redoubla ſon ardeur ; tantôt il invoquoit les Dieux, & leur promettoit de riches offrandes, tantôt il parloit à ſes chevaux pour les animer : il craignoit que je ne paſſaſſe entre la borne & lui : car mes chevaux mieux ménagez que les ſiens, étoient en état de le devancer ; il ne lui reſtoit plus d'autre reſſource, que celle de me boucher le paſſage. Pour le boucher, il hazarda de ſe briſer contre la borne : il y briſa effectivement ſa rouë, je ne ſongeai qu'à faire promptement le tour pour n'être pas engagé dans ſon deſordre ; & il me vit un moment aprés au bout de la carriere. Le peuple s'écria encore une fois : Victoire au fils d'Ulyſſe ! C'eſt lui que les Dieux deſtinent à regner ſur nous.

Cependant les plus illuſtres & les plus ſages d'entre les Cretois nous conduiſirent dans un bois antique & ſacré, reculé de la vûë des hommes profanes, où les Vieillards que Minos avoit établis Juges du peuple, & gardes des Loix, nous aſſemblerent. Nous étions les mêmes qui avions combatu dans les jeux ; nul autre ne fut admis ; les ſages ouvrirent les Livres où toutes les loix de Minos ſont recüeillies ; je me ſentis ſaiſi de reſpect & de honte quand j'approchai de ces Vieillards que l'âge rendoit venerables, ſans leur ôter la vigueur de l'eſprit ; ils étoient aſſis avec ordre, & immobiles dans leurs places, leurs cheveux étoient blancs, pluſieurs n'en avoient preſque plus, on voyoit reluire ſur leurs viſages graves une ſageſſe douce & tranquille, ils ne ſe preſſoient point de parler, ils ne disoient que ce qu'ils avoient résolu de dire; quand ils étoient d'avis différens, ils étoient si moderez à soûtenir ce qu'ils pensoient de part & d'autre, qu'on auroit crû qu'ils étoient tous d'une même opinion : la longue experience des choses passées, & l'habitude du travail leur donnoit de grandes vûës sur toutes choses : mais ce qui perfectionnoit de plus leurs raisons, étoit le calme de leurs esprits délivrez des folles passions & des caprices de la jeunesse : la sagesse toute seule agissoit en eux, & le fruit de leur longue vertu étoit d'avoir si bien dompté leurs humeurs, qu'ils goûtoient sans peine le doux & noble plaisir de la raison. En les admirant, je souhaitai que ma vie pût s'acourcir pour arriver tout-à-coup à une si estimable vieillesse, je trouvois la jeunesse malheureuse, & si éloignée de cette vertu si éclairée & si tranquille.

Le premier d'entre ces Vieillards ouvrit le Livre des Loix de Minos; c'étoit un grand Livre qu'on tenoit d'ordinaire renfermé dans une cassette d'or avec des parfums, tous ces Vieillards le baiserent avec respect : car ils disoient qu'aprés les Dieux de qui les bonnes Loix viennent, rien ne doit être si sacré aux hommes que les loix destinées à les rendre bons, sages & heureux : ceux qui ont dans leurs mains les Loix pour gouverner les peuples, doivent toûjours se laisser gouverner eux-mêmes par les Loix ; c'est la Loi & non pas l'homme qui doit regner. Tel étoit le discours de ces sages.

Ensuite celui qui présidoit proposa trois questions qui devoient être décidées par les maximes de Minos : la premiere question est de sçavoir quel est le plus libre de tous les hommes ; les uns répondirent que c'étoit un Roy qui avoit sur son peuple un empire absolu, & qui étoit victorieux de tous ses ennemis ; d'autres soûtinrent que c'étoit un homme qui ne se marioit point, & qui voyageoit pendant toute sa vie en divers païs, sans être jamais assujetti aux loix d'aucune Nation : d'autres s'imaginerent que c'étoit un Barbare, qui vivant de sa chasse au milieu des bois, étoit indépendant de toute police & de tout besoin : d'autres crurent que c'étoit un homme nouvellement affranchi, parce qu'en sortant des rigueurs de la servitude, il joüissoit plus qu'aucun autre des douceurs de la liberté, d'autres enfin s'aviserent de dire que c'étoit un homme mourant, parce que la mort le délivroit de tout, & que tous les hommes ensemble n'avoient plus aucun pouvoir sur lui. Quand mon rang fut venu, je n'eus pas de peine à répondre, parce que je n'avois pas oublié ce que Mentor m'avoit dit souvent. Le plus libre de tous les hommes, répondis-je, est celui qui peut être libre dans l'esclavage même : en quelques païs & en quelque condition qu'il soit, on est très-libre pourvû qu'on craigne les Dieux, & qu'on ne craigne qu'eux; en un mot, l'homme véritablement libre est celui qui dégagé de toute crainte & de tout desir, n'est soûmis qu'aux Dieux, & à la raison. Les Vieillards s'entre-regarderent en soûriant, & furent surpris de voir que ma réponse étoit précisément celle de Minos.

Ensuite on proposa la seconde question en ces termes : Qui est le plus malheureux de tous les hommes ? Chacun disoit ce qui lui venoit dans l'esprit ; l'un disoit, c'est un homme qui n'a ni biens ni santé, ni honneur ; un autre disoit, c'est un homme qui n'a aucun ami ; d'autres soûtenoient que c'est un homme qui a des enfans ingrats & indignes de lui. Il vint un sage de l'Isle de Lesbos, qui dit : Le plus malheureux de tous les hommes est celui qui croit l'être : car le malheur dépend moins des choses qu'on souffre, que de l'impatience avec laquelle on augmente son malheur. A ces mots toute l'assemblée se récria, on applaudit, & chacun crût que ce sage Lesbien remporteroit le prix sur cette question, mais on me demanda ma pensée, & je répondis suivant les maximes de Mentor. Le plus malheureux de tous les hommes est un Roy qui croit être heureux en rendant les autres hommes miserables : il est doublement malheureux par son aveuglement, ne connoîssant pas son malheur, il ne peut s'en guérir, il craint même de le connoître : la verité ne peut percer la foule des flâteurs pour aller jusqu'à lui : il est tiranisé par ses passions, il ne connoît point ses devoirs : il n'a jamais goûté le plaisir de faire le bien, ni senti les charmes de la pure vertu : il est malheureux & digne de l'être, son malheur augmente tous les jours, il court à sa perte, & les Dieux se préparent à le confondre par une punition éternelle. Toute l'assemblée avoüa que j'avois vaincu le sage Lesbien, & les Vieillards déclarerent que j'avois rencontré le vray sens de Minos.

Pour la troisiéme question, on demanda lequel des deux est préferable, d'un côté un Roy conquerant & invincible dans la guerre, de l'autre un Roy sans experience de la guerre, mais propre à policer sagement les peuples dans la paix. La plûpart répondirent que le Roy invincible dans la guerre étoit préferable. A quoy-sert, disoient-ils, d'avoir un Roy qui sçait bien gouverner en paix, s'il ne sçait pas défendre le païs quand la guerre vient ? Ses ennemis le vaincront, & réduiront son peuple en servitude. D'autres soûtenoient au contraire, que le Roy pacifique étoit meilleur, parce qu'il craindroit la guerre, & l'éviteroit par ses soins ; d'autres disoient qu'un Roy conquerant travailleroit à la gloire de son peuple aussi-bien qu'à la sienne, & qu'il rendroit ſes Sujets maîtres des autres Nations, au lieu qu'un Roy pacifique les tiendroit dans une honteuſe lâcheté.

On voulut ſçavoir mon ſentiment. Je répondis ainſi : Un Roy qui ne ſçait gouverner que dans la paix ou dans la guerre, & qui n'eſt pas capable de conduire ſon peuple dans ces deux états, n'eſt qu'à demy Roy ; mais ſi vous comparez un Roy qui ne ſçait que la guerre, à un Roy ſage, qui ſans ſçavoir la guerre, eſt capable de la ſoûtenir dans un beſoin par ſes Generaux, je trouve ce dernier préferable à l'autre. Un Roy entierement tourné à la guerre, voudroit toûjours la faire pour étendre ſa domination & ſa gloire propre ; il ruïneroit ſes peuples. A quoy ſert à un peuple que ſon Roy ſubjugue d'autres Nations, ſi on eſt malheureux ſous ſon régne ? D'ailleurs les longues guerres entraînent toûjours aprés elles beaucoup de deſordres, les victorieux même ſe déréglent pendant ces tems de confuſion : voyez ce qu'il coûte à la Grece pour avoir triomphé de Troye ; elle a été privée de ſes Rois pendant plus de dix ans. Pendant que tout eſt en feu par la guerre, les loix, l'agriculture, les arts languiſſent ; les meilleurs Princes mêmes, pendant qu'ils ont une guerre à ſoûtenir, ſont contraints de faire le plus grand des maux, qui eſt de tolerer la licence, & de ſe ſervir des méchans. Combien y a-t'il de ſcelerats qu'on puniroit pendant la paix, & dont on a besoin de récompenser l'audace dans les desordres de la guerre ? Jamais aucun peuple n'a eû un Roy conquerant sans avoir eû beaucoup à souffrir de son ambition. Un Conquerant enyvré de sa gloire ruïne presque autant sa Nation victorieuse que les Nations vaincuës. Un Prince qui n'a point les qualitez necessaires pour la paix, ne peut faire goûter à ses Sujets les fruits 'une guerre heureusement finie, il est comm un homme qui défendroit son camp contre son voisin, & usurperoit celuy du voisin même, mais qui ne sçauroit ni labourer ni semer pour recueillir aucune moisson : un tel homme semble né pour détruire, pour ravager, pour renverser le monde, & non pour rendre un peuple heureux par un sage gouvernement.

Venons maintenant au Roi pacifique : il est vrai qu'il n'est pas propre à de grandes conquêtes, c'est-à-dire, qu'il n'est pas né pour troubler le bonheur de son peuple en voulant vaincre les autres peuples, que la justice ne lui a pas soûmis : mais s'il est véritablement propre à gouverner en pere, il a toutes les qualitez propres & necessaires, pour mettre son peuple en sûreté contre ses ennemis : voici comment. Il est juste, moderé, & commode à l'égard de ses voisins ; il n'entreprend jamais contr'eux aucun dessein qui puisse troubler la paix, il est fidéle dans les alliances, les Alliez l'aiment, ne le craignent point, & ont une entiere confiance en lui. S'il y a quelque voisin inquiet, hautain & ambitieux, tous les autres Rois voisins craignent le voisin inquiet, & n'ont aucune jalousie contre le Roy pacifique; ils se joignent à ce bon Roy pour l'empêcher d'être opprimé; sa probité, sa bonne foy, sa moderation le rendent l'arbitre de tous les Etats qui environnent le sien, pendant que le Roy entreprenant est odieux à tous les autres Rois : Tels sont les avantages qu'il a au-dehors. Ceux dont il joüit au-dedans, sont encore plus merveilleux. Puisqu'il est propre à gouverner en pere, je dois supposer qu'il gouverne selon les plus sages Loix, il retranche le faste, la molesse & tous les arts qui ne servent qu'aux vices; il fait fleurir les autres arts qui sont utiles aux veritables besoins de la vie; sur tout il aplique ses Sujets à l'agriculture : par-là il les met dans l'abondance des choses necessaires : Le peuple laborieux, simple dans ses mœurs, accoûtumé à vivre de peu, gagnant facilement sa vie par la culture de ses terres, se multiplie à l'infini : voila dans ce Royaume un peuple innombrable, mais un peuple sain, vigoureux, robuste, qui n'est point amoli par les voluptez, qui est exercé à la vertu, qui ne se tient point aux douceurs d'une vie lâche & délicieuse, qui sçait méprifer la mort, qui aimeroit mieux mourir que de perdre cette liberté qu'il goûte sous un sage Roy, qui ne régne ie pour faire régner la raison. Qu'un Conuerant voisin attaque ce peuple, il ne le trouera peut-être pas assez accoûtumé à camper, se ranger, ou à assiéger une Ville ; mais il le trouvera invincible par sa multitude, par son courage, par sa patience dans les fatigues, par son habitude à souffrir la pauvreté, par sa vigueur dans les combats, & par une vertu que les mauvais succez même ne peuvent abatre : d'ailleurs si ce Roy n'est point assez experimenté pour commander lui-même ses armées, il les fera commander par des gens qui en seront capables, & il sçaura s'en servir sans perdre son autorité : cependant il tirera du secours de ses Alliez, ses Sujets aimeront mieux mourir que de passer sous la domination d'un autre Roy violent & injuste, les Dieux même combatront pour luy. Voyez quelle ressource il aura au milieu des plus grands perils : Je conclus donc que le Roy pacifique qui ignore la guerre, est un Roy trés-imparfait, puisqu'il ne sçait point remplir une de ses plus grandes fonctions, qui est de vaincre ses ennemis ; mais j'ajoûte qu'il est neanmoins infiniment superieur au Roy Conquerant qui manque de qualitez necessaires dans la Paix, & qui n'est propre qu'à la Guerre.

J'apperçûs dans l'assemblée beaucoup de gens qui ne pouvoient goûter cét avis, mais tous les Vieillards déclarerent que j'avois parlé comme Minos. Le premier de ces Vieillards s'écria : Je vois l'accomplissement d'un Oracle d'Apolon connu dans toute nôtre Isle. Minos avoit consulté les Dieux pour sçavoir combien de tems sa race regneroit suivant les loix qu'il venoit d'établir. Le Dieu lui répondit : Les siens cesseront de regner, quand un Etranger entrera dans ton Isle pour y faire regner les loix. Nous avons craint que quelque Etranger ne vint faire la conquête de l'Isle de Crete ; mais le malheur d'Idomenée & la sagesse du fils d'Ulysse, qui entend mieux que nul autre mortel les loix de Minos, nous a montré le sens de l'Oracle. Que tardons-nous à couronner celui que les destins nous donnent pour Roi ? Aussi-tôt les Vieillards sortirent de l'enceinte du bois sacré, & le premier me prenant par la main, annonça au peuple déja impatient dans l'attente d'une décision, que j'avois remporté le prix. A peine acheva-t-il de parler, qu'on entendit un bruit confus de toute l'assemblée, chacun pousse des cris de joye, tout le rivage & toutes les montagnes voisines retentirent de ce cri : Que le fils d'Ulysse semblable à Minos regne sur les Cretois.

J'attendis un moment, & je faisois signe de la main pour demander qu'on m'écoutât : cependant Mentor me disoit à l'oreille : Renoncez-vous à vôtre patrie ? L'ambition de regner vous fera-t-elle oublier Penelope qui vous attend comme sa derniere esperance, & le grand Ulysse que les Dieux avoient résolu

de

de vous rendre ? Ces paroles percerent mon cœur, & me soûtinrent contre le desir de regner. Cependant un profond silence de toute cette tumultueuse assemblée me donna le moyen de parler ainsi.

O illustres Cretois ! je ne merite point de vous commander, l'Oracle qu'on vient d'apporter, marque bien que la race de Minos cessera de regner quand un Etranger entrera dans cette Isle, & y fera régner les loix de ce sage Roy ; mais il n'est pas dit que cét Etranger régnera, je veux croire que je suis cét Etranger marqué par l'Oracle, j'ai accomply la prediction, je suis venu dans cette Isle, j'ai découvert le vrai sens des loix, & je souhaite que mon explication serve à les faire regner avec l'homme que vous choisirez : pour moy, je préfere ma patrie, la petite Isle d'Itaque aux cent Villes de Crete, à la gloire & à l'opulence de ce beau Royaume ; souffrez que je suive ce que les destins ont marqué : si j'ai combatu dans vos jeux, ce n'étoit pas dans l'esperance de regner ici, c'étoit pour meriter vôtre estime & vôtre compassion, c'étoit afin que vous me donnassiez les moyens de retourner promptement au lieu de ma naissance ; j'aime mieux obéir à mon pere Ulysse, & consoler ma mere Penelope, que de regner sur tous les peuples de l'Univers. O Cretois ! vous voyez le fond de mon cœur, il faut que je vous quitte : mais la mort seule pourra finir ma reconnoissance ; oüi, jusqu'au dernier soûpir, Telemaque aimera les Cretois, & s'interessera à leur gloire comme à la sienne propre.

A peine eus-je parlé, qu'il s'éleva dans toute l'assemblée un bruit sourd semblable à celui des vagues de la mer, qui s'entrechoquent dans une tempête : les uns disoient ; Est-ce quelque Divinité sous une figure humaine ? D'autres soûtenoient qu'ils m'avoient vû en d'autres païs, & qu'ils me reconnoissoient ; d'autres s'écrioient : Il faut le contraindre de régner ici. Enfin je repris la parole, & chacun se hâta de se taire, ne sçachant si je n'allois point accepter ce que j'avois refusé d'abord. Voicy les paroles que je leur dis.

Souffrez, ô Cretois ! que je vous dise ce que je pense, vous êtes les plus sages de tous les peuples ; mais la sagesse demande, ce me semble, une précaution qui vous échape ; vous devez vôtre choix, non pas à l'homme qui raisonne le mieux sur les loix, mais à celui qui les pratique avec la plus constante vertu. Pour moi je suis jeune, par conséquent sans expérience, exposé à la violence des passions, & plus en état de m'instruire en obéïssant pour commander un jour, que de commander maintenant. Ne cherchez donc pas un homme qui ait vaincu les autres dans les jeux d'esprit & de corps, mais qui se soit vaincu lui-même ; cherchez un homme qui ait vos loix écrites dans le fonds de son cœur, & dont toute la vie soit la pratique de vos loix ; que ses actions plûtôt que ses paroles, vous le fassent choisir.

Tous les Vieillards charmez de ce discours, & voyant toûjours croître les applaudissemens de l'assemblée, me dirent : Puisque les Dieux nous ôtent l'esperance de vous voir régner au milieu de nous, du moins aidez-nous à trouver un Roy qui fasse régner nos loix, connoissez-vous quelqu'un qui puisse commander avec cette moderation ? Je connois, leur dis-je d'abord, un homme de qui je tiens tout ce que vous avez estimé en moi, c'est sa sagesse & non pas la mienne qui vient de parler, & il m'a inspiré toutes les réponses que vous venez d'entendre.

En même temps toute l'assemblée jetta les yeux sur Mentor que je montrois, le tenant par la main ; je racontois les soins qu'il avoit eû de mon enfance, les perils dont il m'avoit délivré, les malheurs qui étoient venus fondre sur moi, dés que j'avois cessé de suivre ses conseils. D'abord on ne l'avoit point regardé à cause de ses habits simples & négligez, de sa contenance modeste, de son silence presque continuel, de son air froid & réservé. Mais quand on s'apliqua à le regarder, on découvrit dans son visage je ne sçai quoi de ferme & d'élevé, on remarqua la vivacité, de ses yeux & la vigueur avec laquelle il faisoit jusques aux moindres actions ; on le questionna, il fut admiré, on résolut de le faire Roy. Il s'en défendit sans s'émouvoir, il dit qu'il préferoit les douceurs d'une vie privée à l'éclat de la Royauté, que les meilleurs Rois étoient malheureux en ce qu'ils ne faisoient presque jamais les biens qu'ils vouloient faire, & qu'ils faisoient souvent par la surprise des flâteurs les maux qu'ils ne vouloient pas : il ajoûta que si la servitude est miserable, la Royauté ne l'est pas moins, puisqu'elle est une servitude déguisée. Quand on est Roy, disoit-il, on dépend de tous ceux dont on a besoin pour se faire obéïr. Heureux celui qui n'est point obligé de commander ! on ne doit qu'à sa seule Patrie, quand elle nous confie l'autorité, le sacrifice de sa liberté pour travailler au bien public.

Alors les Cretois ne pouvant revenir de leur surprise, luy demanderent quel homme ils devoient choisir ? Un homme, répondit-il, que vous connoissiez bien, puisqu'il faudra qu'il vous gouverne, & qui craigne de vous gouverner : celuy qui desire la Royauté ne la connoît pas, & comment en remplira-t'il les devoirs, ne les connoissant point : il la cherche pour luy, & vous devez desirer un homme qui ne l'accepte que pour l'amour de vous.

Tous les Cretois furent dans un étrange

étonnement de voir deux étrangers qui refusoient la Royauté recherchée par tant d'autres ; ils voulurent sçavoir avec qui ils étoient venus : Nausicrates qui les avoit conduits depuis le Port jusques au Cirque, où l'on celebroit les jeux, leur montra Hazaël, avec lequel Mentor & moy étions venus à l'Isle de Chipre ; mais leur étonnement fut encore bien plus grand, quand ils sçûrent que Mentor avoit été esclave d'Hazaël, qu'Hazaël touché de la sagesse & de la vertu de son esclave en avoit fait son conseil & son meilleur ami ; que cét esclave mis en liberté, étoit le même qui venoit de refuser d'être Roy, & qu'Hazaël étoit venu de Damas pour s'instruire des loix de Minos, tant l'amour de la sagesse remplissoit son cœur.

Les Vieillards dirent à Hazaël : Nous n'osons vous prier de nous gouverner, car nous jugeons que vous avez les mêmes pensées que Mentor, vous méprisez trop les hommes pour vouloir vous charger de les conduire, d'ailleurs vous êtes trop détaché des richesses & de l'éclat de la Royauté, pour vouloir acheter cét éclat par les peines attachées au gouvernement des peuples.

Hazaël répondit : Ne croyez pas, ô Cretois ! que je méprise les hommes. Non, non ; je sçai combien il est grand de travailler à les rendre bons & heureux, mais ce travail est rempli de peines & de dangers, l'éclat qui y est attaché est faux & ne peut éblouïr que des ames vaines. La vie est courte, les grandeurs irritent plus les passions qu'elles ne peuvent les contenter, c'est pour apprendre à me passer de ces faux biens, & non pas pour y parvenir que je suis venu de si loin. Adieu. Je ne songe qu'à retourner dans une vie paisible & retirée, où la sagesse nourrisse mon cœur & où les esperances qu'on tire de la vertu pour une autre meilleure vie aprés la mort, me consolent dans les chagrins de la vieillesse. Si j'avois quelque chose à souhaiter, ce ne seroit pas d'être Roi, ce seroit de ne me séparer jamais de ces deux hommes que vous voyez.

Enfin, les Cretois s'écrierent, parlant à Mentor : Dites-nous, ô le plus sage & le plus grand de tous les Mortels, dites-nous donc qui nous pouvons choisir pour nôtre Roy ? Nous ne vous laisserons point aller, que vous ne nous ayez appris le choix que nous devons faire.

Il leur répondit : Pendant que j'étois dans la foule des spectateurs, j'ay remarqué un homme qui ne témoignoit aucun empressement, c'est un Vieillard assez vigoureux ; j'ai demandé quel homme c'étoit ; on m'a répondu qu'il s'appelloit Aristodeme. Ensuite j'ai entendu qu'on lui disoit que ses deux enfans étoient au nombre de ceux qui combatoient ; il a paru n'en avoir aucune joye, il a dit que pour un, il ne luy souhaitoit point les perils de la Royauté ; qu'il aimoit trop la patrie pour consentir que l'autre regnât jamais. Par-là j'ai compris que ce pere aimoit d'un amour raisonnable l'un de ces enfans qui a de la vertu, & qu'il ne flâtoit point l'autre dans ses déréglemens. Ma curiosité augmentant, j'ai demandé quelle a été la vie de ce Vieillard. Un de vos Citoyens m'a répondu : Il a long-tems porté les armes, & il est couvert de blessures ; mais sa vertu sincere & ennemie de la flâterie l'avoit rendu incommode à Idomenée, c'est ce qui empêcha ce Roy de s'en servir dans le siége de Troye : il craignit un homme qui lui donneroit de sages conseils qu'il ne pouvo't se résoudre à suivre ; il fut même jaloux de la gloire que cét homme ne manqueroit pas d'acquerir bien-tôt ; il oublia tous les services ; il le laissa ici pauvre, méprisé des hommes lâches qui n'estiment que les richesses : mais content dans sa pauvreté, il vit gayement dans un endroit écarté de l'Isle, où il cultive son champ de ses propres mains, un de ses fils travaille avec lui, ils s'aiment tendrement, ils sont heureux par leur frugalité & par leur travail, ils se sont mis dans l'abondance des choses necessaires à une vie simple. Ce sage Vieillard donne aux pauvres malades de son voisinage tout ce qui lui reste au-delà de ses besoins & de ceux de son fils, il fait travailler tous les jeunes gens, il les exhorte, il les instruit, il juge tous les

M iiij

différends de son voisinage. Il est le pere de toutes les familles, le malheur de la sienne est d'avoir un second fils, qui n'a voulu suivre aucun de ses conseils. Le pere aprés l'avoir long-temps souffert pour tâcher de le corriger de ses vices, l'a enfin chassé, il s'est abandonné à une folle ambition & à tous ses plaisirs. Voila, ô Cretois ! ce qu'on m'a raconté : vous devez sçavoir si ce recit est véritable. Mais si cét homme est tel qu'on le dépeint, pourquoi faire des jeux ? Pourquoi assembler tant d'inconnus ? Vous avez au milieu de vous un homme qui vous connoît & que vous connoissez, qui sçait la guerre, qui a montré son courage, non-seulement contre les fléches & contre les dards, mais contre l'affreuse pauvreté, qui a méprisé les richesses acquises par la flâterie, qui aime le travail, qui sçait combien l'agriculture est utile à un peuple qui déteste le faste, qui ne se laisse point amolir par un amour aveugle de ses enfans, qui aime la vertu de l'un, & qui condamne le vice de l'autre : en un mot un homme qui est déja le pere du peuple. Voila vôtre Roy, s'il est vray que vous desiriez de faire régner chez vous les loix du sage Minos.

Tout le peuple s'écria : Il est vray, Aristodeme est tel que vous le dites, c'est luy qui est digne de régner. Les Vieillards le firent apeller, on le chercha dans la foule où s'étoit confondu avec les derniers du peuple, il parût tranquille, on luy déclara qu'on le faisoit Roy : Il répondit ; Je n'y puis consentir qu'à trois conditions ; la premiere, que je quitterai la Royauté dans deux ans, si je ne vous rends meilleurs que vous n'êtes, & si vous resistez aux loix; la seconde, que je serai libre de continuer une vie simple & frugale ; la troisiéme, que mes enfans n'auront aucun rang, & qu'aprés ma mort on les traitera sans distinction selon leur merite comme le reste des Citoyens.

A ces paroles il s'éleva dans l'air mille cris de joye. Le diadême fut mis par le chef des Vieillards garde des Loix, sur la tête d'Aristodeme, on fit des sacrifices à Jupiter, & aux autres grands Dieux. Aristodeme nous fit des presens, non pas avec la magnificence ordinaire aux Rois, mais avec une noble simplicité, il donna à Hazaël les Loix de Minos écrites de la main de Minos même, il lui donna aussi un recueil de toute l'Histoire de Crete depuis Saturne & l'âge d'or, il fit mettre dans son Vaisseau des fruits de toutes especes, & lui offrit les secours dont il pouvoit avoir besoin. Comme nous pressions nôtre départ, il nous fit préparer un Vaisseau avec un grand nombre de bons rameurs & d'hommes armez, il y fit mettre des habits pour nous & des provisions.

A l'instant il s'éleva un vent favorable pour

aller à Itaque, ce vent qui étoit contraire à Hazaël, le contraignit d'attendre, il nous vit partir, il nous embrassa comme des amis qu'il ne devoit jamais revoir. Les Dieux font justes, disoit-il, ils voyent une amitié qui n'est fondée que sur la vertu, un jour ils nous réuniront en ces Champs fortunez, où l'on dit que les Justes joüissent après la mort d'une éternelle paix. Nous verrons nos Amies se rejoindre pour ne se séparer jamais. O! si mes cendres pouvoient aussi être recueillies avec les vôtres! En prononçant ces mots, il versoit des torrens de larmes, & les soûpirs étouffoient sa voix: nous ne pleurions pas moins que lui, & il nous conduisit au Vaisseau.

Pour Aristodeme, il nous dit: C'est vous qui venez de me faire Roi, souvenez-vous des dangers où vous m'avez mis, demandez aux Dieux qu'ils m'inspirent la vraye sagesse, & que je surpasse autant en moderation les autres hommes, que je les surpasse en autorité. Pour moi je les prie de vous conduire heureusement dans vôtre patrie, d'y confondre l'insolence de vos ennemis, & de vous y faire voir en paix Ulysse régnant avec sa chere Penelope: Telemaque, je vous donne un Vaisseau plein de rameurs & d'hommes armez, ils pourront vous servir contre ces hommes injustes que persecutent vôtre Mere. O Mentor! vôtre sagesse qui n'a besoin de rien, ne me laisse rien à desirer pour vous ; allez tous deux, vivez heureux ensemble, souvenez-vous d'Aristodeme, & si jamais les Itaciens ont besoin des Cretois, comptez sur moy jusqu'au dernier soûpir de ma vie. Il nous embrassa, & nous ne pûmes en le remerciant retenir nos larmes.

Cependant le vent qui enfloit nos voiles nous promettoit une douce navigation : déja le Mont-Ida n'étoit plus à nos yeux que comme une colline : tous les rivages disparoissoient, les Côtes du Peloponese sembloient s'avancer dans la mer pour venir au-devant de nous, tout-à-coup une noire tempête envelopa le Ciel, & irrita toutes les ondes de la mer. Le jour se changea en nuit, & la mort se presenta à nous. O Neptune ! c'est vous qui excitâtes par vôtre superbe Trident toutes les eaux de vôtre empire ! Venus pour se venger de ce que nous l'avions méprisée jusques dans son Temple, alla trouver ce Dieu ; elle luy parla avec douleur, ses beaux yeux étoient baignez de larmes ; du moins c'est ainsi que Mentor instruit des choses divines me l'a assuré. Souffrirez-vous, Neptune, disoit-elle, que ces impies se joüent impunément de ma puissance ? Les Dieux mêmes la sentent, & ces temeraires mortels ont osé condamner tout ce qui se fait dans mon Isle. Ils se piquent d'une sagesse à toute épreuve, & ils traitent l'amour de folie. Avez-vous oublié que je suis née dans vôtre empire ? Que tardez-vous à ensevelir dans vos profonds abîmes ces deux hommes que je ne puis souffrir ?

A peine avoit-elle parlé, que Neptune souleva des flots jusqu'au Ciel. Venus rit, croyant nôtre naufrage inévitable : nôtre Pilote troublé s'écria qu'il ne pouvoit plus resister aux vents qui nous poussoient avec violence vers des rochers : un coup de vent rompit nôtre mât, & un moment aprés nous entendîmes les pointes des rochers qui entr'ouvroient le fonds du Navire. L'eau entre de tous côtez, le Navire s'enfonce ; tous nos Rameurs poussent de lamentables cris vers le Ciel. J'embrasse Mentor, & je luy dis : Voici la mort, il faut la recevoir avec courage : les Dieux ne nous ont délivrez de tant de perils, que pour nous faire perir aujourd'hui. Mourons, Mentor, mourons, c'est une consolation pour moi de mourir avec vous ; il seroit inutile de disputer nôtre vie contre la tempête. Mentor me répondit : Le vrai courage trouve toûjours quelque ressource ; ce n'est pas assez d'être prêt à recevoir tranquillement la mort, il faut sans la craindre faire tous ses efforts pour la repousser. Prenons vous & moy un de ces grands bancs de Rameurs, tandis que cette multitude d'hommes timides & troublez regrettent la vie, sans chercher le moyen de la conserver : ne perdons pas un moment pour sauver la nôtre. Aussi-tôt il prend une hache, il acheve de couper le mât qui étoit déja rompu, & qui penchant dans la mer avoit mis le Vaisseau sur le côté ; il jette le mât hors du Vaisseau, & s'élance dessus au milieu des ondes furieuses ; il m'apelle par mon nom, & m'encourage pour le suivre : Tel qu'un grand arbre que tous les vents conjurez attaquent, & qui demeure immobile sur ses profondes racines, en sorte que la tempête ne fait qu'agiter ses feüilles ; de même Mentor non-seulement ferme & courageux, mais doux & tranquille, sembloit commander aux vents & à la mer. Je le suis. Et qui auroit pû ne le pas suivre, étant encouragé par luy ? Nous nous conduisions nous-mêmes sur ce mât flotant ; c'étoit un grand secours pour nous : car nous pouvions nous asseoir dessus ; & s'il eût fallu nager sans relâche, nos forces eussent été bien-tôt épuisées ; mais souvent la tempête faisoit tourner cette grande piece de bois, & nous nous trouvions enfoncez dans la mer : alors nous bûvions l'onde amere qui couloit de nôtre bouche, de nos narines, & de nos oreilles, & nous étions contraints de disputer contre les flots pour ratraper le dessus de ce mât : quelquefois aussi une vague haute comme une montagne venoit passer sur nous, & nous nous tenions ferme, de peur que dans cette violente secousse le mât qui étoit nôtre unique esperance ne nous échapât. Pendant que nous étions dans cét état affreux, Mentor aussi paisible qu'il est maintenant sur ce siege de gason, me disoit : Croyez-vous, Telemaque, que vôtre vie soit abandonnée aux vents & aux flots ? Croyez-vous qu'ils puissent vous faire périr sans l'ordre des Dieux ? Non, non, les Dieux décident de tout : C'est donc les Dieux & non pas la mer qu'il faut craindre. Fussiez-vous au fonds des abîmes, la main de Jupiter pourroit vous en tirer. Fussiez-vous dans l'Olimpe, voyant les Astres sous vos pieds, Jupiter pourroit vous plonger au fonds de l'abîme, ou vous précipiter dans les flâmes du noir Tartare. J'écoutois, & j'admirois ce discours qui me consoloit un peu : mais je n'avois pas l'esprit assez libre pour luy répondre. Il ne me voyoit point. Je ne pouvois le voir. Nous passâmes toute la nuit tremblant de froid & demy morts, sans sçavoir où la tempête nous jettoit. Enfin les vents commencerent à s'appaiser, & la mer mugissant ressembloit à une personne qui ayant été long-tems irritée, n'a plus qu'un reste de trouble & d'émotion, étant lassée de se mettre en fureur; elle grondoit sourdement, & ses flots n'étoient presque plus que comme les sillons qu'on trouve dans un champ labouré. Cependant l'aurore vint ouvrir au Soleil les portes du Ciel, & nous annonça un beau jour. Tout l'Orient étoit en feu & les Etoiles qui avoient été si long-tems cachées, reparurent & s'enfuïrent à l'arrivée de Phœbus. Nous apperçûmes de loin la terre, & le vent nous en approchoit. Je sentis l'esperance renaître dans mon cœur, mais nous n'apperçûmes aucun de nos compagnons, selon les apparences ils perdirent courage, & la tempête les submergea avec le Vaisseau. Quand nous fûmes auprés de la terre, la mer nous poussoit contre les pointes des rochers, qui nous eussent brisez, mais nous tâchions de leur presenter le bout de nôtre mât : Mentor faisoit de ce mât ce qu'un sage Pilote fait du meilleur gouvernail ; ainsi nous évitâmes ces rochers affreux, & nous trouvâmes enfin une Côte douce & unie, en nageant sans peine, nous abordâmes sur le sable. C'est-là que vous nous vîtes, ô grande Déesse, qui habitez cette Isle ! C'est-là que vous daignâtes nous recevoir.

Quand Telemaque eut achevé ce discours, toutes les Nymphes qui avoient été immobiles, les yeux attachez sur lui, le regarderent les unes les autres ; elles se disoient avec étonnement : Quels sont donc ces deux hommes si cheris des Dieux ? A-t'on jamais oüi parler d'avantures si merveilleuses ? Le fils d'Ulysse le surpasse déja en éloquence, en sagesse & en valeur ; quelle mine ! quelle beauté ! quelle douceur ! quelle modestie ! mais quelle noblesse & quelle grandeur ! Si nous ne sçavions qu'il est le fils d'un mortel, on le prendroit aisément pour Bachus, pour Mercure, ou même pour le grand Apollon ; mais quel est ce

Mentor qui paroît un homme simple, obscur & d'une médiocre condition ? Quand on le regarde de prés, on trouve en luy je ne sçay quoy au dessus de l'homme.

Calypso écoutoit ces discours avec un trouble qu'elle ne pouvoit cacher ; ses yeux errans alloient sans cesse de Mentor à Telemaque, & de Telemaque à Mentor, quelquefois elle vouloit que Telemaque recommençât cette longue histoire de ses avantures ; puis tout à coup elle l'interrompoit elle-même ; enfin se levant brusquement, elle mena Telemaque seul dans un bois de myrrhe, où elle n'oublia rien pour sçavoir de lui si Mentor n'étoit point une Divinité cachée sous la forme d'un homme. Telemaque ne pouvoit le luy dire : car Minerve en l'accompagnant sous la figure de Mentor, ne s'étoit point découverte à luy à cause de sa grande jeunesse ; elle ne se fioit pas encore assez à son secret pour luy confier ses desseins : d'ailleurs elle vouloit l'éprouver par les plus grands dangers ; & s'il eût sçû que Minerve étoit avec lui, un tel secours l'eût trop soûtenu ; il n'auroit eû aucune peine à mépriser les accidens les plus affreux. Il prenoit donc Minerve pour Mentor, & tous les artifices de Calypso furent inutiles pour découvrir ce qu'elle desiroit sçavoir.

Cependant toutes les Nymphes assemblées autour de Mentor prenoient plaisir à le questionner : l'une luy demandoit les circonstanes de son voyage d'Ethiopie ; l'autre vouloit sçavoir ce qu'il avoit vû à Damas ; une autre luy demandoit s'il avoit connu autrefois Ulysse avant le siege de Troye. Il répondit à toutes avec douceur, & ses paroles, quoique simples, étoient pleines de graces. Calypso ne les laissa pas long-temps dans cette conversation : elle revint. Et pendant que les Nymphes se mirent à cueillir des fleurs en chantant pour amuser Telemaque, elle prit à l'écart Mentor pour le faire parler. La douce vapeur du sommeil ne coule pas plus doucement dans les yeux appesantis, & dans tous les membres fatiguez d'un homme abbatu, que les paroles flâteuses de la Déesse s'insinuoient pour enchanter le cœur de Mentor, mais elle sentoit toûjours je ne sçai quoy qui repoussoit tous ses efforts, & qui se joüoit de ses charmes. Semblable à un rocher escarpé qui cache son front dans les nuës, & qui se joüe de la rage des vents, Mentor immobile dans ses sages desseins, se laissoit presser par Calypso, quelquefois même il lui laissoit esperer qu'elle l'embarasseroit par ses questions, & qu'elle tireroit la verité du fonds de son cœur, mais au moment où elle croyoit satisfaire sa curiosité, ses esperances s'évanoüissoient : tout ce qu'elle s'imaginoit tenir luy échapoit tout-à-coup, & une réponse courte de Mentor la replongeoit dans ses incertitudes. Elle passoit ainsi les journées, tantôt flâtant Telemaque, tantôt cherchant les moyens de le détacher de Mentor qu'elle n'eſperoit plus de faire parler, elle employoit les plus belles Nymphes à faire naître les feux de l'amour dans le cœur du jeune Telemaque, & une Divinité plus puiſſante qu'elle, vint à ſon ſecours pour y réüſſir.

SOMMAIRE
DU CINQUIE'ME LIVRE.

VEnus toûjours irritée contre Telemaque & Mentor, voulant se vanger du mépris qu'ils avoient fait de ses Sacrifices dans l'Isle de Chypre, fait décendre l'Amour dans l'Isle de Calypso, sous la figure d'un jeune Enfant. Il joüe avec Telemaque, avec Calypso, avec ses Nymphes, & les blesse toutes. Calypso aime Telemaque, & devient furieuse. Telemaque ne l'aime point & aime Eucharis une de ses Nymphes, fille sage, modeste, vertueuse, & plus belle que les autres. Mentor remontre à Telemaque le danger où l'amour d'Eucharis l'expose, & Telemaque se défend par la sagesse d'Eucharis. Calypso devenuë jalouse, donne moyen à Mentor de bâtir un Vaisseau. Telemaque prét de s'embarquer, veut dire adieu à Eucharis. Dans cet entre-temps les Nymphes excitées par l'Amour, mettent le feu au Vaisseau. Mentor méne Telemaque sur le bord de la mer au haut d'un rocher, d'où il voit de loin un Vaisseau. Comme il ne peut tirer Telemaque de l'Isle de Calypso, il le jette à la mer & s'y retire aprés luy.

LES AVANTURES DE TELEMAQUE FILS D'ULYSSE.

LIVRE CINQUIE'ME.

Venus toûjours pleine de ressentiment du mépris que Mentor & Telemaque avoient témoigné pour le culte qu'on luy rendoit dans l'Isle de Chipre, ne pouvoit se consoler de voir que ces deux temeraires Mortels eussent échapé aux vents & à la mer dans la tempête excitée par Neptune, elle en fit des plaintes ameres à Jupiter; mais le pere des Dieux soûriant, sans vouloir luy découvrir que Minerve, sous la figure de Mentor, avoit sauvé le fils d'Ulysse, permit à Venus de chercher les moyens de se vanger de ces deux hommes. Elle quitte l'Olympe, elle oublie les doux parfums qu'on brûle sur ses Autels à Paphos, à Cythere, & à Idalie, elle vole dans son Char attelé de colombes, elle appelle son fils, & la douleur répandant sur son visage encore de nouvelles graces, elle luy parla ainsi : Vois-tu, mon Fils ces deux hommes qui méprisent ta puissance & la mienne ; Qui voudra desormais nous adorer ; Va percer de tes fléches ces deux cœurs insensibles, décends avec moy dans cette Isle, je parleray à Calypso. Elle dit, & fendant les airs dans un nuage tout doré, elle se presenta à Calypso, qui dans ce moment étoit seule au bord d'une fontaine assez loin de sa Grote.

Malheureuse Déesse, luy dit-elle, l'ingrat Ulysse vous a meprisée ; son fils encore plus dur que luy, vous prépare un semblable mépris ; mais l'Amour vient lui-même pour vous venger, je vous le laisse, il demeurera parmy vos Nymphes, comme autrefois l'enfant Bachus qui fut nourri par les Nymphes de l'Isle de Naxos. Telemaque le verra comme un enfant ordinaire, il ne pourra s'en défier, & il sentira bien-tôt son pouvoir. Elle dit, & remontant dans ce nuage doré d'où elle étoit sortie, elle laissa aprés elle une odeur d'ambroisie dont tous les bois de Calypso furent parfumez.

L'amour demeura entre les bras de Calypso ; quoique Déesse, elle sentit la flâme qui voloit déja dans son sein ; pour se soulager elle le donna aussi-tôt à la Nymphe qui étoit auprés d'elle, nommée Eucharis ; mais helas ! dans la suite combien de fois se repentit-elle de l'avoir fait ? D'abord rien ne paroissoit plus innocent, plus doux, plus aimable, plus ingénu, & plus gracieux que cét Enfant. A le voir enjoüé, flâteur, toûjours riant, on auroit crû qu'il ne pouvoit donner que du plaisir ; mais à peine s'étoit-on fié à ses caresses, qu'on sentoit je ne sçai quoi d'empoisonné : L'enfant malin & trompeur ne caressoit que pour trahir, & il ne rioit jamais que des maux cruels qu'il avoit faits ou qu'il vouloit faire ; il n'osoit aprocher de Mentor, dont la severité l'épouventoit, & il sentoit que cét inconnu étoit invulnerable, en sorte qu'aucune de ses flèches n'avoit pû le percer. Pour les Nymphes elles sentirent bientôt les feux que cet Enfant trompeur allume; mais elles cachoient avec soin la playe profonde qui s'envenimoit dans leurs cœurs.

Cependant Telemaque voyant cét Enfant qui se joüoit avec les Nymphes, fut surpris de sa douceur & de sa beauté : il l'embrasse, le prend tantôt sur ses genoüils, tantôt entre ses bras, il sent en lui-même une inquiétude dont il ne peut trouver la cause, plus il cherche à se joüer innocemment, plus il se trouble & s'amolit. Voyez-vous ces Nymphes, disoit-il à Mentor, combien sont-elles differentes de ces femmes de l'Isle de Chypre dont la beauté étoit choquante à cause de leur immodestie ? Mais ces Beautez immortelles montrent une innocence, une modeſtie, une ſimplicité qui charme. Parlant ainſi, il rougiſſoit ſans ſçavoir pourquoy, il ne pouvoit s'empêcher de parler : mais à peine avoit-il commencé qu'il ne pouvoit continuer, ſes paroles étoient entrecoupées, obſcures, & quelquefois elles n'avoient aucun ſens.

Mentor lui dit, ô Telemaque ! les dangers de l'Iſle de Chypre n'étoient rien, ſi on les compare à ceux dont vous ne vous défiez pas maintenant. Le vice groſſier fait horreur, l'impudence brutale donne de l'indignation, la beauté modeſte eſt bien plus dangereuſe, en l'aimant on croit n'aimer que la vertu, & inſenſiblement on ſe laiſſe aller aux appas trompeurs d'une paſſion qu'on n'apperçoit que quand il n'eſt preſque plus tems de l'éteindre. Fuyez, ô mon cher Telemaque ! fuyez ces Nymphes qui ne ſont ſi diſcretes que pour vous mieux tromper, fuyez les dangers de vôtre jeuneſſe, mais ſur tout fuyez cét Enfant que vous ne connoiſſez pas, c'eſt l'Amour que Venus ſa mere eſt venuë aporter dans cette Iſle pour ſe vanger du mépris que vous avez témoigné pour le culte qu'on luy rend, il a bleſſé le cœur de la Déeſſe Calypſo, elle eſt paſſionnée pour vous. Il a brûlé toutes les Nymphes qui l'environnent; vous brûlez vous-même, ô malheureux jeune homme, preſque ſans le ſçavoir.

Telemaque interrompoit ſouvent Mentor,

luy disant. Mais pourquoy ne demeurons-nous pas dans cette Isle ? Ulysse ne vit plus, il doit être depuis long-temps enseveli dans les ondes ; Penelope ne voyant revenir ni lui ni moi, n'aura pû resister à tant de pretendans, son pere Icare l'aura contrainte d'accepter un nouvel époux. Retournerai-je à Itaque pour la revoir engagée dans de nouveaux liens, en manquant à la foi qu'elle avoit donnée à mon pere ? Les Itaciens ont oublié Ulysse, nous ne pouvons y retourner que pour chercher une mort assurée, puisque les Amans de Penelope ont occupé toutes les avenuës du Port pour mieux assurer nôtre perte à nôtre retour.

Mentor luy répondit : Voila l'effet d'une aveugle passion, on cherche avec subtilité toutes les raisons qui la favorisent, & on se détourne de peur de voir toutes celles qui la condamnent. On n'est plus ingenieux que pour se tromper & pour étoufer les remords. Avez-vous oublié tout ce que les Dieux ont fait pour vous ramener dans vôtre patrie ? Comment êtes-vous sorti de la Sicile ? Les malheurs que vous avez éprouvé en Egypte ne se sont-ils pas tournez tout-à-coup en prosperitez ? Quelle main inconnuë vous a enlevé à tous les dangers qui menaçoient vôtre tête dans la ville de Tyr ? Aprés tant de merveilles, ignorez-vous encore ce que les destinées vous ont préparé ? Mais que dis-je, je, vous en êtes indigne. Pour moy je pars, & je sçaurai bien sortir de cette Isle. Lâche fils d'un pere si sage & si genereux, menez ici une vie molle & sans honneur au milieu des femmes, faites malgré les Dieux ce que vôtre pere crût indigne de lui.

Ces paroles de mépris percerent Telemaque jusqu'au fonds du cœur, il se sentoit attendri aux discours de Mentor, sa douleur étoit mêlée de honte, il craignoit l'indignation & le départ de cét homme si sage à qui il devoit tant ; mais une passion naissante, & qu'il ne connoissoit pas lui-même, faisoit qu'il n'étoit plus le même homme. Quoy donc, disoit-il à Mentor les larmes aux yeux, vous ne comptez pour rien l'immortalité qui m'est offerte par la Déesse ? Je compte pour rien, répondit Mentor, tout ce qui est contre la vertu & contre les ordres des Dieux : la vertu vous rapelle dans vôtre patrie pour revoir Ulysse & Penelope : la vertu vous défend de vous abandonner à une folle passion : les Dieux vous ont délivré de tant de perils, pour vous préparer une gloire égale à celle de cette Isle : l'Amour seul, ce honteux Tiran, peut vous y retenir. Hé ! que feriez-vous d'une vie immortelle, sans liberté, sans vertu, sans gloire ; Cette vie seroit encore plus malheureuse en ce qu'elle ne pourroit finir.

Telemaque ne répondoit à ce discours que par des soupirs ; quelquefois il auroit souhaité que Mentor l'eût arraché malgré lui de l'Isle, quelquefois il lui tardoit que Mentor fut parti, pour n'avoir plus devant ses yeux cét ami severe qui lui reprochoit sa foiblesse. Toutes ces pensées contraires agitoient son cœur, & aucune n'y étoit constante, son cœur étoit comme la mer qui est le jouet de tous les vents contraires, il demeuroit souvent étendu & immobile sur le rivage de la mer, souvent dans le fond de quelque bois sombre, versant des larmes ameres, & poussant des cris semblables aux rugissemens d'un Lion, il étoit devenu maigre, ses yeux creux étoient pleins d'un feu devorant ; à le voir pâle, abatu, & défiguré, on auroit crû que ce n'étoit point Telemaque. Sa beauté, son enjouëment, sa noble fierté, s'enfuyoient loin de lui, il perissoit, tel qu'une fleur qui étant épanoüie le matin répand ses doux parfums dans la campagne, & flétrit peu-à-peu vers le soir, ses vives couleurs s'éfacent, elle languit, elle se desseiche, & sa belle tête se panche, ne pouvant plus se soûtenir. Ainsi le fils d'Ulysse étoit aux portes de la mort.

Mentor voyant que Telemaque ne pouvoit resister à la violence de sa passion, conçût un dessein plein d'adresse pour le délivrer d'un si grand danger. Il avoit remarqué que Calypso aimoit éperduëment Telemaque, & que Telemaque n'aimoit pas moins la jeune Nymphe Eucharis : car le cruel Amour pour tourmenter les Mortels, fait souvent qu'on aime peu la personne dont on est aimé. Mentor résolut d'exciter la jalousie de Calypso : Eucharis devoit emmener Telemaque dans une chasse. Mentor dit à Calypso : J'ai remarqué dans Telemaque une passion pour la chasse que je n'avois jamais vû en lui, ce plaisir commence à le dégoûter de tout autre, il n'aime plus que les forêts & les montagnes les plus sauvages. Est-ce vous, ô Déesse ! qui lui inspirez cette grande ardeur ?

Calypso sentit un dépit cruel en écoutant ces paroles ; & elle ne pût se retenir. Ce Telemaque, répondit-elle, qui a méprisé tous les plaisirs de l'Isle de Chipre ne peut résister à la médiocre beauté d'une de mes Nymphes ; comment ose-t'il se vanger d'avoir fait tant d'actions merveilleuses, lui dont le cœur s'amolit lâchement par la volupté, & qui ne semble né que pour passer une vie obscure au milieu des femmes.

Mentor remarquant avec plaisir combien la jalousie troubloit le cœur de Calypso, n'en dit pas davantage, de peur de la mettre en défiance de lui : Il lui montroit seulement un visage triste & abatu. La Déesse lui faisoit ses plaintes sur toutes les choses qu'elle voyoit, & elle faisoit sans cesse des plaintes nouvelles ; cette chasse dont Mentor l'avoit avertie, acheva de la mettre en fureur ;

elle sçût que Telemaque n'avoit cherché qu'à se dérober aux autres Nymphes que pour parler à Eucharis ; on parloit même déja d'une seconde chasse, où elle prévoyoit qu'il seroit comme dans la premiere. Pour rompre les mesures de Telemaque, elle déclara qu'elle en vouloit être, puis tout à coup ne pouvant plus moderer son ressentiment, elle lui parla ainsi.

Est-ce donc ainsi, ô jeune Temeraire, que tu es venu dans mon Isle pour échaper au juste naufrage que Neptune te préparoit, & à la vengeance des Dieux ? N'es-tu entré dans cette Isle, qui n'est ouverte à aucun mortel, que pour mépriser ma puissance, & l'amour que je t'ai témoigné ? O Divinitez de l'Olympe & du Styx, écoutez une malheureuse Déesse, hâtez-vous de confondre ce perfide, cét ingrat, cét impie ; Puisque tu es encore plus dur & plus injuste que ton pere, puisses-tu souffrir des maux encore plus longs & plus cruels que les siens. Non, que jamais tu ne revoyes ta patrie, cette pauvre & miserable Itaque, que tu n'as point eu de honte de préferer à l'immortalité ! ou plûtôt que tu perisses, en la voyant de loin au milieu de la mer, & que ton corps devenu le joüet des flots soit rejetté sans esperance de sepulture sur le sable de ce rivage ! Que mes yeux le voyent mangé par les Vautours, celle que tu aimes le verra aussi, elle le verra, elle en aura le cœur déchiré, & son desespoir fera mon bonheur.

En parlant ainsi, Calypso avoit les yeux rouges & enflâmez, ses regards ne s'arrêtoient en aucun endroit, ils avoient je ne sçai quoy de sombre & de farouche, ses jouës tremblantes étoient couvertes de taches noires & livides; elle changeoit à chaque moment de couleur, souvent une pâleur mortelle se répandoit sur son visage; ses larmes ne couloient plus comme autrefois; la rage & le desespoir sembloient en avoir tari la source; & à peine en couloit-il quelques-unes sur ses jouës; sa voix étoit rauque, tremblante, & entrecoupée. Mentor observoit tous ses mouvemens, & ne parloit plus à Telemaque: il le traitoit comme un malade desesperé qu'on abandonne, il jettoit souvent sur luy des regards de compassion. Telemaque sentoit combien il étoit coupable & indigne de l'amitié de Mentor, il n'osoit lever les yeux, de peur de rencontrer ceux de son ami dont le silence même le condamnoit; quelquefois il avoit envie d'aller se jetter à son cou, & de luy témoigner combien il étoit touché de sa faute; mais il étoit retenu, tantôt par une mauvaise honte, tantôt par la crainte d'aller plus loin qu'il ne vouloit pour se retirer du peril: car le peril luy sembloit doux, & il ne pouvoit encore se résoudre à vaincre sa folle passion.

Les Dieux & les Déesses de l'Olympe assemblez dans un profond silence, avoient les yeux attachez sur l'Isle de Calypso, pour voir qui seroit victorieux ou de Minerve ou de l'Amour ; l'Amour en se joüant avec les Nymphes, avoit mis tout en feu dans l'Isle : Minerve sous la figure de Mentor, se servoit de la jalousie inséparable de l'Amour, contre l'Amour même : Jupiter avoit résolu d'être spectateur de ce combat, & de demeurer neutre.

Cependant Eucharis qui craignoit que Telemaque ne lui échapât, usoit de mille artifices pour le retenir dans ses liens : déja elle alloit partir avec lui pour la seconde chasse, & elle étoit vétuë comme Diane ; Venus & Cupidon, avoient répandu sur elle de nouveaux charmes, ensorte que ce jour-là sa beauté effaçoit celle de la Déesse Calypso ; Calypso la regardant de loin, se regarda en même tems dans la plus claire de ses fontaines, elle eût honte de se voir, elle se cacha au fonds de sa Grote, & parla ainsi toute seule.

Il ne me sert donc de rien d'avoir voulu troubler ces deux Amans, en déclarant que je veux être de cette chasse, En serai-je ? Irai-je la faire triompher, & faire servir ma beauté à relever la sienne ? Faudra-t'il que Telemaque en me voyant soit encore plus passionné pour son Eucharis ? O malheureuse ! qu'ai-je fait ? Non, je n'iray pas, ils n'iront pas eux-mêmes, je sçaurai bien les empêcher. Je vai trouver Mentor, je le prierai d'enlever Telemaque, il le ramenera à Itaque. Mais que is-je! & que deviendrai-je, quand Telemaque sera parti? Où suis-je? Que reste-t'il à faire? cruelle Venus, ô Venus, vous m'avez trompée, ô perfide present que vous m'avez fait pernicieux Enfant: Amour empesté, je ne t'avois ouvert mon cœur que dans l'esperance de vivre heureuse avec Telemaque, & tu n'as porté dans ce cœur que trouble & que desespoir: mes Nymphes sont révoltées contre moi; ma Divinité ne me sert plus qu'à rendre mon malheur éternel. O si j'étois libre de me donner la mort pour finir mes douleurs! Telemaque, il faut que tu meures, puisque je ne puis mourir; je me vengeray de tes ingratitudes. Ta Nymphe le verra, je te percerai ses yeux. Mais je m'égare, ô malheureuse Calypso! Que veux-tu? Faire perir un innocent que tu as jetté toi-même dans cet abîme de malheurs? C'est moi qui ai mis le flambeau fatal dans le sein du chaste Telemaque. Quelle innocence! quelle vertu! quelle horreur du vice! quel courage contre les honteux plaisirs. Faloit-il empoisonner son cœur! Il m'eût quittée. Hé bien! ne faudra-t'il pas qu'il me quitte, ou que je le voye plein de mépris pour moi, ne vivant plus que pour ma rivale? Non, non, je ne souffre que ce que j'ai bien merité. Pars, Telemaque, va-t'en, au-delà des mers, laisse Calypso sans consolation, ne pouvant supporter la vie, ni trouver la mort, laisse-là inconsolable, couverte de honte, desesperée avec ton orgueilleuse Eucharis.

Elle parloit ainsi seule dans sa Grote ; mais tout-à-coup elle sort impetueusement. Où êtes-vous, ô Mentor, dit-elle ? Est-ce ainsi que vous soûtenez Telemaque contre le vice, auquel il succombe, vous dormez tandis que l'Amour veille contre vous ? Je ne puis souffrir plus long-temps cette lâche indifference que vous témoignez. Verrez-vous toûjours tranquillement le fils d'Ulysse deshonorer son pere, & négliger sa haute destinée ? Est-ce à vous ou à moy que ses parens ont confié sa conduite ? C'est moy qui cherche les moyens de guerir son cœur, & vous ne ferez-vous rien ? Il y a dans le lieu le plus reculé de cette Forêt de grands Peupliers propres à construire un Vaisseau : c'est-là qu'Ulysse fit celui dans lequel il sortit de cette Isle : vous trouverez au même endroit une profonde caverne où sont tous les instrumens necessaires pour tailler & pour joindre toutes les pieces d'un Vaisseau......

A peine luy eut-elle dit ces paroles ; qu'elle s'en repentit. Mentor ne perdit pas un moment ; il alla dans cette caverne, trouva les instrumens, abatit les Peupliers, & mit en un seul jour un Vaisseau en état de voguer ; c'est que la puissance & l'industrie de Minerve, n'a pas besoin d'un grand temps pour achever les plus grands ouvrages. Calypso se trouva dans une horrible peine d'esprit, d'un côté elle vouloit voir si le travail de Mentor s'avançoit, de l'autre elle ne pouvoit se résoudre à quitter la chasse, où Eucharis avoit été en pleine liberté avec Telemaque; la jalousie ne luy permit jamais de perdre de vûë ces deux Amans : mais elle tâchoit de détourner la chasse du côté où elle sçavoit que Mentor faisoit le Vaisseau : elle entendoit les coups de hache & de marteau ; elle prêtoit l'oreille, chaque coup la faisoit fremir : mais dans le moment même elle craignoit que cette rêverie ne luy eût dérobé quelque signe ou quelque coup d'œil de Telemaque à la jeune Nymphe. Cependant Eucharis disoit à Telemaque comme en se mocquant : Ne craignez-vous point que Mentor ne vous blâme d'être venu à la chasse sans luy ? O que vous êtes à plaindre de vivre sous un si rude Maître ! Rien ne peut adoucir son autorité, il affecte d'être ennemi de tous les plaisirs, il ne peut souffrir que vous en goûtiez aucun, il vous fait un crime des choses les plus innocentes ; vous pouviez dépendre de luy pendant que vous étiez hors d'état de vous conduire vous-même. Mais après avoir montré tant de sagesse, vous ne devez plus vous laisser traiter en enfant.

Ces paroles artificieuses perçoient le cœur de Telemaque, & le remplissoient de dépit contre Mentor, dont il vouloit secoüer le joug : il craignoit de le revoir, & ne répondoit rien à Eucharis, tant il étoit troublé. Enfin vers le soir la chasse s'étant passée de part & d'autre dans une contrainte perpetuelle, on revint par un coin de la Forêt assez voisin du lieu où Mentor avoit travaillé tout le jour. Calypso apperçût de loin le Vaisseau achevé, ses yeux se couvrirent à l'instant d'un épais nuage semblable à celui de la mort ; ses genoüils tremblans se déroboient sous elle : une froide sueur courut par tous les membres de son corps, elle fut contrainte de s'apuyer sur les Nymphes qui l'environnoient, & Eucharis lui tendant la main pour la soûtenir, elle la repoussa, en jettant sur elle un regard terrible.

Telemaque qui vit ce Vaisseau, mais qui ne vit point Mentor, parce qu'il s'étoit déja retiré, ayant fini son travail, demanda à la Déesse à qui étoit ce Vaisseau, & à quoi on le destinoit ; D'abord elle ne pût répondre, mais enfin elle dit : C'est pour renvoyer Mentor que je l'ai fait faire ; vous ne serez plus embarassé par cet ami severe qui s'opose à vôtre bonheur, & qui seroit jaloux, si vous deveniez immortel. Mentor m'abandonne, c'est fait de moi, s'écria Telemaque ! Eucharis, si Mentor me quitte, je n'ai plus que vous. Ces paroles lui échaperent dans le transport de sa passion, il vit le tort qu'il avoit eû les disant ; mais il n'avoit pas été libre e penser au sens de ces paroles. Toute la oupe étonnée demeura dans le silence : Eucharis rougissant & baissant les yeux, demeuoit derriere toute interdite, sans oser se montrer ; mais pendant que la honte étoit sur on visage, la joye étoit au fonds de son cœur.

elemaque ne se comprenoit plus lui-même, & ne pouvoit croire qu'il eût parlé si indiscretement ; ce qu'il avoit fait lui paroissoit comme un songe, mais un songe dont il demeuroit confus & troublé.

Calypso plus furieuse qu'une Lionne à qui on a enlevé ses petits, couroit au travers de la forêt sans suivre aucun chemin, & ne sçachant où elle alloit, enfin elle se trouva à l'entrée de sa Grote, où Mentor l'attendoit. Sortez de mon Isle, dit-elle, ô Etrangers qui êtes venus troubler mon repos ! Loin de moi, ce jeune Insensé, & vous imprudent Vieillard, vous sentirez ce que peut le couroux d'une Déesse, si vous ne l'arrachez d'ici tout à l'heure ; je ne veux plus le voir, je ne veux plus souffrir qu'aucune de mes Nymphes lui parle ny le regarde ; j'en jure par les ondes du Styx, serment qui fait trembler lés Dieux même. Mais apprends, Telemaque, que tes maux ne sont pas finis ; ingrat tu ne sortiras de mon Isle, que pour être en proye à de nouveaux malheurs ; je serai vengée, tu regreteras Calypso : mais en vain ; Neptune encore irrité contre ton pere qui l'a offensé en Sicile, & follicité par Venus que tu as méprifée dans l'Ifle de Chipre, te prépare d'autres tempêtes, tu verras ton pere qui n'eſt pas mort; mais tu le verras fans le connoître, & fans pouvoir te faire connoître à luy; tu ne te réüniras avec luy en Itaque, qu'aprés avoir été le joüet de la plus cruelle fortune. Ah! je conjure les Puiſſances celeſtes de me vanger. Puiſſe-tu au milieu des mers, fufpendu aux pointes d'un rocher & frapé de la foudre, invoquer en vain Calypfo, que ton fuplice comblera de joye.

Ayant dit ces paroles, fon efprit agité étoit déja prêt à prendre des réfolutions contraires, l'amour rappella dans fon cœur le defir de retenir Telemaque. Qu'il vive, difoit-elle en elle-même, qu'il demeure ici, peut-être qu'il fentira enfin tout ce que j'ai fait pour lui: Eucharis ne fçauroit comme moi lui donner l'immortalité. O trop aveugle Calypfo! tu t'es trahie toi-même par ton ferment, te voilà engagée, & les ondes du Styx par qui tu as juré, ne te permettent plus aucune efperance: Perfonne n'entendoit ces paroles, mais on voyoit fur fon vifage les Furies peintes, & tout le venin empefté du noir Cocyte, fembloit s'exhaler de fon cœur.

Telemaque en fut faifi d'horreur, elle le comprit: car qu'eſt-ce que l'amour jaloux ne devine pas? Et l'horreur de Telemaque rebla les transports de la Déesse. Semblable à une Bacchante qui remplit l'air de ses urlemens, & qui en fait retentir les hautes montagnes de Thrace, elle court au travers des bois avec un dard en main, appellant toutes ses Nymphes, & menaçant de percer toutes celles qui ne la suivront pas. Elles courent en foule effrayées de cette menace. Eucharis même s'avance les larmes aux yeux, & regardant de loin Telemaque à qui elle n'ose plus parler : la Déesse fremit en la voyant auprès d'elle ; & loin de s'appaiser par la soûmission de cette Nymphe, elle ressent une nouvelle fureur ; voyant que l'affliction augmentoit la beauté d'Eucharis.

Cependant Telemaque étoit demeuré seul avec Mentor, il embrasse ses genoüils, car il n'osoit l'embrasser autrement, ni le regarder, il verse un torrent de larmes, il veut parler, la voix lui manque, il ne sçait ni ce qu'il doit faire, ni ce qu'il fait, ni ce qu'il veut ; enfin il s'écrie : O mon vrai pere, ô Mentor ! délivrez-moi de tant de maux ! Je ne puis ni vous abandonner, ni vous suivre, délivrez-moi de moi-même, donnez-moi la mort !

Mentor l'embrasse, le console, l'encourage, lui apprend à se supporter lui-même sans flâter sa passion, & lui dit : Fils du sage Ulysse, que les Dieux ont tant aimé, & qu'ils aiment encore, c'est par un effet de leur amour que vous souffrez des maux si horrible: celui qui n'a point senti sa foiblesse, la violence de ses passions, n'est point encore sage; car il ne se connoit point encore & ne sçait point se défier de soy: les Dieux vous ont conduit comme par la main jusqu'au bord de l'abîme pour vous en montrer toute la profondeur, sans vous y laisser tomber; comprenez maintenant ce que vous n'auriez jamais compris, si vous ne ne l'aviez éprouvé; on vous auroit parlé des trahisons de l'Amour qui flâte pour perdre, & qui sous une apparence de douceur, cache les plus affreuses amertumes. Il est venu cét Enfant plein de charmes, parmi les ris, les jeux, & les graces; vous l'avez vû, il a enlevé vôtre cœur, & vous avez pris plaisir à le lui laisser enlever; vous cherchiez des prétextes pour ignorer la playe de vôtre cœur, vous cherchiez à me tromper, & à vous flâter vous-même; vous ne craigniez rien, voyez le fruit de vôtre temerité: vous demandez maintenant la mort, & c'est l'unique esperance qui vous reste. La Déesse troublée ressemble à une furie infernale; Eucharis brûle d'un feu plus cruel que toutes les douleurs de la mort, toutes ses Nymphes jalouses sont prêtes à s'entredéchirer: & voila ce que fait le traître Amour qui paroît doux. Rapellez tout vôtre courage. A quel point les Dieux vous aiment-ils, puisqu'ils vous ouvrent un si beau chemin pour fuïr l'Amour & pour revoir vôtre patrie ? Calypso elle-même est contrainte de vous chasser : le Vaisseau est tout prêt. Que tardons-nous à quitter cette Ville où la vertu ne peut habiter ?

En disant ces paroles, Mentor le prit par la main, & l'entraînoit vers le rivage. Telemaque suivoit à peine, regardant toûjours derriere soi, il consideroit Eucharis qui s'éloignoit de lui, ne pouvant voir son visage, il regardoit ses beaux cheveux noüez, ses habits flotans, & la noble démarche, il auroit voulu pouvoir baiser les traces de ses pas; lors même qu'il la perdoit de vûë, il prêtoit encore l'oreille, s'imaginant entendre sa voix, quoi qu'absente, il la voyoit; elle étoit peinte & comme vivante devant ses yeux, il croyoit même parler à elle, ne sçachant plus où il étoit, & ne pouvant écouter Mentor. Enfin revenant à lui comme d'un profond sommeil, il dit à Mentor : Je suis résolu de vous suivre, mais je n'ai pas encore dit adieu à Eucharis, j'aimerois mieux mourir que de l'abandonner ainsi avec ingratitude ; attendez que je la revoye encore une derniere fois pour lui faire un éternel adieu ; au moins souffrez que je lui dise : O Nymphe, les Dieux cruels, les Dieux [illisible] de mon bonheur, me contraignent de partir, mais ils m'empêcheront plûtôt de vivre que de me souvenir à jamais de vous ! O mon pere, ou laissez-moi cette dernière consolation qui est si juste, ou arrachez moi la vie dans ce moment! non, je ne veux ni demeurer dans cette Isle, ni m'abandonner à l'amour: l'amour n'est point dans mon cœur, je ne sens que de l'amitié & de la reconnoissance pour Eucharis; il me suffit de lui dire encore une fois, & je pars avec vous sans retardement.

Que j'ai pitié de vous; répondit Mentor! vôtre passion est si furieuse, que vous ne la sentez pas; vous croyez être tranquille, & vous demandez la mort: vous osez dire que vous n'êtes point vaincu par l'amour, & vous ne pouvez vous arracher à la Nymphe que vous aimez: vous ne voyez, vous n'entendez qu'elle: Vous êtes aveugle & sourd à tout le reste. Un homme que la fiévre rend frénetique, dit: Je ne suis point malade. O aveugle Telemaque, vous étiez prêt à renoncer à Penelope qui vous attend, à Ulysse que vous verrez, à Itaque où vous devez régner, à la gloire & à la haute destinée que les Dieux vous ont promise par tant de merveilles qu'ils ont faites en vôtre faveur: vous renonciez à tous ces biens pour vivre deshonoré auprès d'Eucharis: direz-vous encore que l'amour ne vous attache point à elle? Qu'est-ce donc qui vous trouble? Pourquoi voulez-vous mourir? Pourquoi avez-vous parlé devant la Déesse avec tant de transport? Je ne vous accuse point de mauvaise foi ; mais je déplore vôtre aveuglement. Fuyez, Telemaque, fuyez, on ne peut vaincre l'amour qu'en fuyant ; contre un tel ennemi, le vrai courage consiste à craindre & à fuïr ; mais à fuïr sans déliberer, & sans se donner à soi-même le temps de regarder jamais derriere soi. Vous n'avez pas oublié les soins que vous m'avez coûtez depuis vôtre enfance, & les périls dont vous êtes sorti par mes conseils : ou croyez-moi, ou souffrez que je vous abandonne. Si vous sçaviez combien il m'est douloureux de vous voir courir à vôtre perte, si vous sçaviez tout ce que j'ai souffert pendant que je n'ai osé vous parler ; la mere qui vous mit au monde souffrît moins dans les douleurs de l'enfantement : je me suis tû, j'ai devoré ma peine, j'ai étoufé mes soûpirs pour voir si vous reviendrez à moi. O mon fils, mon cher fils, soulagez mon cœur, rendez-moi ce qui m'est plus cher que mes entrailles ; rendez-moi Telemaque que j'ai perdu ; rendez-vous à vous même. Si la sagesse en vous surmonte l'amour, je vis, & je vis heureux : mais si l'amour vous entraîne malgré la sagesse, Mentor ne peut plus vivre.

Pendant que Mentor parloit ainsi, il continuoit son chemin vers la mer : & Telemaque qui n'étoit pas encore assez fort pour le suivre de lui-même, l'étoit déja assez pour se laisser mener sans résistance. Minerve toûjours cachée sous la figure de Mentor, cou-

Tome I.

voit invisiblement Telemaque de son Egide, & répandant autour de lui un rayon divin, lui fit sentir un courage qu'il n'avoit point encore éprouvé depuis qu'il étoit dans cette Isle. Enfin ils arriverent dans un endroit de l'Isle où le rivage de la mer étoit escarpé, c'étoit un rocher toûjours battu par l'onde écumante: ils regarderent de cette hauteur si le Vaisseau que Mentor avoit préparé, étoit encore dans la même place: mais ils apperçûrent un triste spectacle.

L'Amour étoit vivement piqué de voir que ce Vieillard inconnu non-seulement étoit insensible à ses traits, mais encore lui enlevoit Telemaque: il pleuroit de dépit, & alla trouver Calypso errante dans les sombres forêts. Elle ne pût le voir sans gémir, & elle sentit qu'il r'ouvroit toutes les playes de son cœur. L'Amour lui dit: Vous êtes Déesse & vous vous laissez vaincre par un foible Mortel, qui est captif dans vôtre Isle: Pourquoi le laissez-vous sortir?

O malheureux Amour, répondit-elle, je ne veux plus écouter tes pernicieux conseils; c'est toi qui m'as tirée d'une douce & profonde paix pour me précipiter dans un abîme de malheurs! C'en est fait, j'ai juré par les ondes du Styx, que je laisserois partir Telemaque; Jupiter même le pere des Dieux avec toute sa puissance, n'oseroit contrevenir à ce redoutable serment. Telemaque, sors de mon Isle, fors aussi pernicieux Enfant, tu m'as fait plus de mal que lui.

L'Amour essuyant ses larmes, fit un soûris moqueur & malin : En verité, dit-il, voila un grand embaras ; laissez-moi faire, suivez vôtre serment, ne vous opposez point au départ de Telemaque, ni vôs Nymphes ni moi n'avons juré par les ondes du Styx de le laisser partir, je leur inspirerai le dessein de brûler ce Vaisseau, que Mentor a fait avec tant de précipitation ; sa diligence qui vous a surpris, sera inutile : il sera surpris lui-même à son tour, & il ne lui restera plus aucun moyen de vous arracher Telemaque.

Ces paroles flâteuses firent glisser l'esperance & la joye jusqu'au fond des entrailles de Calypso ; Ce qu'un Zéphir fait par sa fraîcheur sur le bord d'un ruisseau pour délasser les Troupeaux languissans que l'ardeur de l'Eté consume, ce discours le fit pour appaiser le desespoir de la Déesse ; son visage devint serain, ses yeux s'adoucirent. Les noirs soucis qui rongeoient son cœur, s'enfuirent pour un moment loin d'elle : elle s'arrêta, elle rit, elle flâta le folâtre Amour, & en le flâtant elle se prépara de nouvelles douleurs. L'Amour content de l'avoir persuadée, alla pour persuader aussi les Nymphes qui étoient errantes & desesperées sur toutes les montagnes, comme un troupeau de moutons que la rage des loups affamez a mis en fuite loin du berger. L'Amour les rassemble, & leur dit : Telemaque est encore en vos mains : Hâtez-vous de brûler ce Vaisseau que le téméraire Mentor a fait pour s'enfuir. Aussi-tôt elles allument des flambeaux, elles accourent sur le rivage, elles fremissent, elles poussent des hurlemens, elles secoüent leurs cheveux épars comme des Bacchantes; déja la flâme vole, elle dévore le Vaisseau qui est d'un bois enduit de raisine, des tourbillons de fumée & de flâmes s'élevent dans les nuës. Telemaque & Mentor apperçoivent ce feu de dessus le rocher, & en entendant les cris des Nymphes, Telemaque fut tenté de s'en réjoüir : car son cœur n'étoit pas encore guéri, & Mentor remarquoit que sa passion étoit comme un feu mal éteint, qui sort de tems en tems de dessous la cendre, & qui repousse de vives étincelles. Me voila donc, dit Telemaque, rengagé dans mes liens ! Il ne nous reste plus aucunes esperances de quitter cette Isle. Mentor vit bien que Telemaque alloit retomber dans toutes ses foiblesses, & qu'il n'y avoit pas un seul moment à perdre, il apperçût de loin au milieu des flots un Vaisseau arrêté qui n'osoit approcher de l'Isle, parce que tous les Pilotes connoissent que l'Isle de Calypso est innaccessible à tous les Mortels. Aussi-tôt le sage Mentor poussant Telemaque, qui étoit assis sur le bord d'un rocher, le précipite dans la mer, & s'y jette avec lui. Telemaque surpris de cette violente chûte, bût l'onde amére, & devint le joüet des flôts ; mais revenant à lui, & voyant Mentor qui lui tendoit la main pour lui aider à nager, il ne songea plus qu'à s'éloigner de l'Isle fatale. Les Nymphes qui avoient crû les tenir captifs, poussèrent des cris pleins de fureur, ne pouvant plus empêcher leur fuite. Calypso inconsolable, rentra dans sa Grote qu'elle remplit de ses hurlemens. L'Amour qui vit changer son triomphe en une honteuse défaite, s'éleva au milieu de l'air en secoüant les aîles, & s'envola dans le bocage d'Idalie, où sa cruelle mere l'attendoit. L'Enfant encore plus cruel ne se consola qu'en riant avec elle de tous les maux qu'il avoit faits.

A mesure que Telemaque s'éloignoit de l'Isle, il sentoit avec plaisir renaître son courage & son amour pour la vertu. J'éprouve, s'écrioit-il, parlant à Mentor, ce que vous me disiez, & que je ne pouvois croire faute d'experience. On ne surmonte le vice qu'en le fuyant. O mon pere ! que les Dieux m'ont aimé en me donnant vôtre secours. Je meritois d'en être privé, & d'être abandonné à moi-même, je ne crains plus ni mer, ni vents, ni tempête, je ne crains plus que mes passions : l'Amour est lui seul plus à craindre que tous les naufrages.

SOMMAIRE
DU SIXIE'ME LIVRE.

Celui qui commandoit le Vaisseau voyant deux hommes dans la mer, envoye une Barque à leur secours, qui les retire & les amenent à bord. Il étoit Phenicien & frere de Narbal, chacun se reconnoît & conte ses avantures. Telemaque demande des nouvelles de Pygmalion & d'Astarbé. Nouveau portrait de Pygmalion méfiant & soupçonneux : nonobstant sa défiance est tué par Astarbé, qui s'empoisonne ensuite elle-même. Baccazar Prince vertueux lui succede, & gouverne les Pheniciens avec beaucoup de sagesse. Pour adoucir l'horreur de cette Histoire, le frere de Narbal donne une musique à Telemaque & à Mentor. Mentor jouë de la lyre, & chante les avantures de Narcisse & la blessure d'Adonis. Telemaque charmé, craignant de se livrer trop au plaisir, n'ose montrer sa joye, d'où Mentor prend occasion de lui expliquer les differentes sortes de plaisirs du cœur & de l'esprit. Mœurs des habitans de la Betique.

LES AVANTURES DE TELEMAQUE FILS D'ULYSSE.

LIVRE SIXIE'ME.

LE Vaisseau qui étoit arrêté, & vers lequel ils s'avançoient, étoit un Vaisseau Phenicien qui alloit dans l'Epire. Ces Pheniciens avoient vû Telemaque au voyage d'Egypte ; mais ils n'avoient garde de le reconnoître au milieu des flots. Quand Mentor fut assez prés du Vaisseau pour faire entendre sa voix, il s'écria d'une voix forte en élevant la tête au-dessus de l'eau : Pheniciens si secourables à toutes les Nations, ne refusez pas la vie à deux hommes qui l'attendent de vôtre humanité, si le respect des Dieux vous touche, recevez-nous dans vôtre Vaisseau, nous irons par tout où vous irez.

Celui qui commandoit, répondit : Nous vous recevrons avec joye ; nous n'ignorons pas ce qu'on doit faire pour des inconnus qui paroissent si malheureux : aussi-tôt on les reçoit dans le Vaisseau. A peine y furent-ils entrez, que ne pouvant plus respirer, ils demeurerent immobiles, car ils avoient nagé longtems & avec effort pour resister aux vagues: peu à peu ils reprirent leurs forces ; on leur donna d'autres habits, parce que les leurs étoient appesantis par l'eau qui les avoit penetrez, & qui couloit de tous côtez. Lorsqu'ils furent en état de parler, tous ces Pheniciens empressez autour d'eux, vouloient sçavoir leurs avantures. Celui qui commandoit leur dit : Comment avez-vous pû entrer dans cette Isle, d'où vous sortez ? Elle est, dit-on, possedée par une Déesse cruelle qui ne souffre jamais qu'on y aborde : elle est même bordée de rochers affreux, contre lesquels la mer va follement combattre, & on ne pourroit en approcher sans faire naufrage.

Aussi est-ce par un naufrage, répondit Mentor, que nous y avons été jettez, nous sommes Grecs, nôtre patrie est l'Isle d'Itaque, voisine de l'Epire où vous allez : Quand même vous ne voudriez pas relâcher en Itaque, qui est sur vôtre route, il nous suffiroit que vous nous menassiez dans l'Epire, nous y trouverons des amis qui auront soin de nous faire faire le court trajet qui nous restera, & nous vous dévrons à jamais la joie de revoir ce que nous avons de plus cher au monde. Ainsi c'étoit Mentor qui portoit la parole, & Telemane gardant le silence, le laissoit parler : car ces fautes qu'il avoit faites dans l'Isle de Calypso, augmenterent beaucoup sa sagesse ; il se défioit de lui-même, il sentoit le besoin de suivre toûjours les sages conseils de Mentor : & quand il ne pouvoit lui parler pour lui demander ses avis, du moins il consultoit ses yeux, & tâchoit de deviner toutes ses pensées.

Le Commandant Phenicien arrêta ses yeux sur Telemaque : il croyoit se souvenir de l'avoir vû, mais c'étoit un souvenir confus qu'il ne pouvoit démêler. Souffrez, lui dit-il, que je vous demande si vous vous souvenez de m'avoir vû autrefois, comme il me semble qu'il me souvient de vous avoir vû : vôtre visage ne m'est point inconnu, il m'a d'abord frapé, mais je ne sçai où je vous ay vû, vôtre memoire aidera peut-être la mienne. Alors Telemaque lui répondit avec un étonnement mêlé de joye : Je suis en vous voyant comme vous êtes à mon égard : je vous ay vû, je vous reconnois, mais je ne puis me rapeller si c'est en Egypte, ou à Tyr. Alors ce Phenicien, tel qu'un homme qui s'éveille le matin, & qui rapelle peu à peu de loin le songe fugitif qui disparoît à son réveil, s'écria tout-à-coup : vous êtes Telemaque, que Narbal prit en amitié lorsque nous revinmes d'Egypte : je suis son frere, dont il vous aura sans doute parlé souvent ; je vous laissai entre ses bras prés l'expedition d'Egypte : il me falut aller

Tome I. Q

au-delà de toutes les mers dans la fameuse Betique, auprés des colomnes d'Hercules : ainsi je ne fis que vous voir, & il ne faut pas s'étonner si j'ay eu tant de peine à vous reconnoître d'abord.

Je vois bien, répondit Telemaque, que vous êtes Adoan, je ne fis que vous entrevoir, mais je vous ay connu par les entretiens de Narbal. O quelle joye de pouvoir apprendre par vous des nouvelles d'un homme qui me sera toûjours cher ! Est-il toûjours à Tyr ? Ne souffre-t'il point quelque cruel traitement du soupçonneux & barbare Pygmalion ? Adoan répondit en l'interrompant : Sçachez, Telemaque, que la fortune vous confie à un homme qui prendra toutes sortes de soins de vous, je vous rameneray dans l'Isle d'Itaque avant que d'aller en Epire, & le frere de Narbal n'aura pas moins d'amitié pour vous, que Narbal luy-même. Ayant parlé ainsi, il remarqua que le vent qu'il attendoit commençoit à souffler, il fit lever les ancres, mettre les voiles, & fendre la mer à force de rames: aussi-tôt il prit à part Telemaque & Mentor pour les entretenir.

Je vai, dit-il, regardant Telemaque, satisfaire vôtre curiosité. Pygmalion n'est plus, les justes Dieux en ont délivré la terre ; comme il ne se fioit à personne, personne ne pouvoit se fier à luy : les bons se contentoient de gémir, & de fuïr ses cruautez sans pouvoir se résoudre à luy faire aucun mal, les méchans croyoient ne pouvoir assurer leurs vies qu'en finissant la sienne : il n'y avoit point de Tyrien qui ne fût chaque jour en danger d'être l'objet de ses défiances, ses Gardes mêmes étoient plus exposez que les autres, comme sa vie étoit entre leurs mains, il les craignoit plus que tout le reste des hommes, sur le moindre soupçon il les sacrifioit à sa sûreté, & il ne pouvoit plus la trouver : ceux qui étoient les dépositaires de sa vie étoient dans un péril continuel, & ils ne pouvoient se tirer d'un état si horrible, qu'en prévenant par la mort du Tyran ses cruels soupçons.

L'impie Astarbé dont vous avez oüy parler si souvent, fut la premiere à résoudre la perte du Roy : elle aima passionnément un jeune Tyrien fort riche nommé Joazar, elle espera de le mettre sur le Trône. Pour réüssir dans ce dessein, elle persuada au Roy que l'aîné de ses deux fils nommé Phadaël, impatient de succeder à son pere, avoit conspiré contre lui, elle trouva de faux témoins pour prouver la conspiration. Le malheureux Roy fit mourir son fils innocent : le second nommé Baccazar fut envoyé à Samos, sous prétexte d'apprendre les mœurs & les sciences de la Grece : mais en effet, parce qu'Astarbé fit entendre au Roy qu'il faloit l'éloigner, de peur qu'il ne prît des liaisons avec les mécontens : à peine fut-il parti, que ceux qui conduisoient le Vaisseau ayant été corrompus par cette femme cruelle, prirent leurs mesures pour faire naufrage pendant la nuit, & ils se sauverent en nageant jusques à des barques étrangeres qui les attendoient, & ils jetterent le jeune Prince au fond de la mer.

Cependant les amours d'Astarbé n'étoient ignorez que de Pygmalion, & il s'imaginoit qu'elle n'aimeroit jamais que lui seul. Ce Prince si défiant étoit ainsi plein d'une aveugle confiance pour cette méchante femme; c'étoit l'amour qui l'aveugloit jusques à cet excés. En même temps l'avarice lui fit chercher des prétextes pour faire mourir Joazar, dont Astarbé étoit si passionnée : il ne songeoit qu'à ravir les richesses de ce jeune homme. Mais pendant que Pygmalion étoit en proye à la défiance, à l'amour & à l'avarice, Astarbé se hâta de lui ôter la vie : elle crût qu'il avoit peut-être découvert quelque chose de ses infames amours avec ce jeune homme : d'ailleurs elle sçavoit que l'avarice seule suffiroit pour porter le Roi à une action cruelle contre Joazar : elle conclut qu'il n'y avoit pas un moment à perdre pour le prévenir, elle voyoit les principaux Officiers du Palais prêts à tremper leurs mains dans le sang du Roi, elle entendoit parler tous les jours de quelque nouvelle conjuration, mais elle craignoit de se confier à quelqu'un, par qui elle seroit trahie. Enfin il lui parut plus assuré d'empoisonner Pygalion; il mangeoit le plus souvent tout seul avec elle, & apprêtoit lui-même tout ce qu'il devoit manger, ne pouvant se fier qu'à ses propres mains; il se renfermoit dans le lieu le plus reculé de son Palais, pour mieux cacher sa défiance, & pour n'être jamais observé: quand il préparoit ses repas, il n'osoit plus chercher aucun des plaisirs de la table, il ne pouvoit se résoudre à manger d'aucune des choses qu'il ne sçavoit pas apprêter lui-même. Ainsi non-seulement toutes les viandes cuites par ses Cuisiniers, mais encore le vin, le pain, le sel, l'huile, le lait, & tous les autres alimens ordinaires, ne pouvoient être de son usage: il ne mangeoit que des fruits qu'il avoit cueillis lui-même dans son jardin, ou des légumes qu'il avoit semées & qu'il faisoit cuire. Au reste, il ne bûvoit jamais d'autre eau que celle qu'il puisoit lui-même dans une fontaine qui étoit renfermée dans un endroit de son Palais, dont il gardoit toûjours la clef: quoy qu'il parût si rempli de confiance pour Astarbé, il ne laissoit pas de se précautionner contr'elle, il la faisoit toûjours manger & boire avant lui de tout ce qui devoit servir à son repas, afin qu'il ne pût point être empoisonné sans elle, & qu'elle n'eût aucune esperance de vivre plus long-temps que lui: mais elle prît du contrepoison qu'une vieille femme encore plus méchante qu'elle, & qui étoit la confidente de ses amours, lui avoit fourni, aprés quoi elle ne craignit plus d'empoisonner le Roi. Voici comment elle y parvint.

Dans le moment où ils alloient commencer leur repas, cette vieille dont j'ai parlé fit tout à coup du bruit à une porte : le Roi qui croioit toûjours qu'on alloit le tuër, se trouble, & court à cette porte pour voir si elle étoit assez bien fermée, la vieille se retire, le Roi demeure interdit, & ne sçachant ce qu'il doit croire de ce qu'il a entendu, il n'ose pourtant ouvrir la porte pour s'éclaircir. Astarbé le rassure, le flâte & le presse de manger, elle avoit déja jetté du poison dans sa coupe d'or, pendant qu'il étoit allé à la porte. Pygmalion selon sa coûtume la fit boire la premiere, elle bût sans crainte, se fiant au contrepoison. Pygmalion bût aussi, & peu de tems après il tomba dans une défaillance. Astarbé qui le connoissoit capable de la tuër sur le moindre soupçon, commença à déchirer ses habits, à arracher ses cheveux, & à pousser des cris lamentables ; elle embrassoit le Roi mourant, elle le tenoit serré entre ses bras ; elle l'arrosoit d'un torrent de larmes, car les larmes ne coûtoient rien à cette femme artificieuse : enfin quand elle vit que les forces du Roi étoient épuisées, & qu'il étoit comme agonissant, dans la crainte qu'il ne revint & qu'il ne voulut la faire mourir avec lui, elle passa des caresses & des plus tendres marques d'amitié, à la plus horrible fureur, elle se jetta sur lui l'étoufa ; ensuite elle arracha de son doigt l'Anneau Royal, lui ôta le Diadême, & fit entrer Joazar à qui elle donna l'un & l'autre ; elle crût que tous ceux qui avoient été attachez à elle, ne manqueroient pas de suivre sa passion, & que son Amant seroit proclamé Roi ; mais ceux qui avoient été les plus empressez à lui plaire, étoient des esprits bas & mercenaires, qui étoient incapables d'une sincere affection. D'ailleurs ils manquoient de courage, ils craignoient la hauteur, la dissimulation & la cruauté de cette femme impie, chacun pour sa propre sûreté desiroit qu'elle perit. Cependant tout le Palais est plein d'un tumulte affreux, on entend par tout les cris de ceux qui disent : Le Roi est mort. Les uns sont effrayez, les autres courent aux armes : tous paroissent en peine des suites, mais ravis de cette nouvelle. La renommée la fait voler de bouche en bouche dans toute la grande Ville de Tyr, & il ne se trouve pas aucun homme qui regrette le Roy. Sa mort est la délivrance & la consolation de tout le peuple. Narbal frapé d'un coup si terrible, déplora en homme de bien le malheur de Pygmalion, qui s'étoit trahi lui-même en se livrant à l'impie Astarbé, & qui avoit mieux aimé être un Tyran terrible & monstrueux, que d'être selon le devoir d'un Roi le pere de son peuple ; il songea au bien de l'Etat, & se hâta de rallier tous les gens

Q iiij

de bien pour s'opofer à Aſtarbé, fous laquelle on auroit vû un régne encore plus dur que celui qu'on voyoit finir.

Baccazar ne fut point noyé quand on le jetta dans la mer, & ceux qui aſſurérent à Aſtarbé qu'il étoit mort, le firent, croyant qu'il l'étoit ; mais à la faveur de la nuit il s'étoit ſauvé en nageant, & des peſcheurs de Crete touchez de compaſſion, l'avoient reçû dans leurs barques : il n'avoit pas oſé retourner dans le Royaume de ſon pere, ſoupçonnant qu'on avoit voulu le faire perir, & craignant autant la cruelle jalouſie de Pygmalion, que les artifices d'Aſtarbé. Il demeura long-temps errant & traveſti ſur les bords de la mer en Syrie, où les peſcheurs Cretois l'avoient laiſſé : il fut même obligé de garder un troupeau pour gagner ſa vie. Enfin il trouva moyen de faire ſçavoir à Narbal l'état où il étoit ; il crût pouvoir confier ſon ſecret & ſa vie à un homme d'une vertu ſi éprouvée. Narbal maltraité par le pere, ne laiſſa pas d'aimer le fils, & de veiller pour ſes intérêts. Mais il n'en prit ſoin que pour l'empêcher de manquer jamais à ce qu'il devoit à ſon pere, il l'engagea à ſouffrir patiemment ſa mauvaiſe fortune. Baccazar avoit mandé à Narbal : Si vous jugez que je puiſſe vous aller trouver, envoyez-moi un Anneau d'or, & je comprendrai auſſi-tôt qu'il ſera temps de vous aller joindre. Narbal ne jugea pas à propos pendant la vie de Pygmalion de faire venir Baccazar ; il auroit tout hazardé pour la vie du Prince & pour la sienne propre, tant il étoit difficile de se garantir des recherches rigoureuses de Pygmalion ; mais aussi-tôt que ce malheureux Roi eut fait une fin digne de ses crimes, Narbal se hâta d'envoyer l'Anneau d'or à Baccazar. Baccazar partit aussi-tôt, & arriva aux portes de Tyr, dans le temps que toute la Ville étoit en trouble, pour sçavoir qui succederoit à Pygmalion. Baccazar fut aisément reconnu par les principaux Tyriens & par tout le peuple ; on l'aimoit à cause de sa douceur & de sa moderation ; ses longs malheurs même lui donnoient je ne sçai quel éclat qui relevoit toutes ses bonnes qualitez, & qui attendrissoit tous les Tyriens en sa faveur. Narbal assembla les Chefs du peuple : Les Vieillards qui formoient leur Conseil, & les Prêtres de la grande Déesse de Phenicie, saluérent Baccazar comme leur Roi, & le firent proclamer par les Herauts : le peuple répondit par mille acclamations de joye.

Astarbé les entendit du fonds du Palais, où elle étoit renfermée avec son lâche & infame Joazar. Tous les méchans dont elle s'étoit servie pendant la vie de Pygmalion, l'avoient abandonnée ; c'est que les méchans craignent les méchans, s'en défient, & ne souhaitent point de les voir en autorité, parce qu'ils connoissent combien ils en abuseroient, & quelle seroit leur violence ; mais pour les bons, les méchans s'en accommodent mieux, parce qu'au moins ils esperent trouver en eux de la moderation & de l'indulgence. Il ne restoit plus autour d'Astarbé que certains complices de ses crimes les plus affreux, & qui ne pouvoient attendre que le suplice. On força le Palais, ces scelerats n'oserent pas resister long-tems, & ne songerent qu'à s'enfuir. Astarbé déguisée en esclave, voulut se sauver dans la foule, mais un soldat la reconnut, elle fut prise, & on eut bien de la peine à empêcher qu'elle ne fût déchirée par le peuple en fureur. Déja on avoit commencé à la traîner dans la bouë, mais Narbal la tira des mains de la populace. Alors elle demanda à parler à Baccazar, esperant de l'éblouïr par ses charmes, & de lui faire esperer qu'elle lui découvriroit des secrets importans. Baccazar ne pût refuser de l'écouter : d'abord elle montra avec sa beauté une douceur & une modestie capable de toucher les cœurs les plus irritez, elle flâta Baccazar par les loüanges les plus délicates & les plus insinuantes ; elle lui representa combien Pygmalion, l'avoit aimée, elle le conjura par ses cendres d'avoir pitié d'elle, elle invoqua les Dieux comme si elle les eût sincerement adorez, elle versa des torrens de larmes, elle se jetta aux genoux du nouveau Roy ; mais ensuite elle n'oublia rien pour lui rendre suspects & odieux tous ses serviteurs les plus affectionnez. Elle accusa Narbal d'être entré dans une conjuration contre Pygmalion, & d'avoir essayé de suborner les peuples pour se faire Roi au préjudice de Baccazar; elle ajoûta qu'il vouloit empoisonner ce jeune Prince; elle inventa de semblables calomnies contre tous les autres Tyriens qui aimoient la vertu, elle esperoit de trouver dans le cœur de Baccazar la même défiance & les mêmes soupçons qu'elle avoit vûs dans celui du Roi son pere, mais Baccazar ne pouvant plus souffrir la noire malignité de cette femme, l'interrompit, & appella des gardes. On la mit en prison, les plus sages Vieillards furent commis pour examiner toutes ses actions: on découvrit avec horreur qu'elle avoit empoisonné & étoufé Pygmalion, & toute la suite de sa vie parut un enchaînement continuel de crimes monstrueux. On alloit la condamner au suplice qui est destiné à punir les grands crimes dans la Phenicie, c'est d'être brûlé à petit feu; mais quand elle comprit qu'il ne lui restoit plus aucune esperance, elle devint semblable à une furie sortie de l'enfer, elle avala du poison qu'elle portoit toûjours sur elle pour se faire mourir en cas qu'on voulut lui faire souffrir de longs tourmens: ceux qui la gardoient apperçûrent qu'elle souffroit une violente douleur, ils voulurent la secourir;

mais elle ne voulut jamais leur répondre, & elle fit signe qu'elle ne vouloit aucun soulagement : on lui parla des justes Dieux qu'elle avoit irritez ; au lieu de témoigner la confusion & le repentir que ses fautes meritoient, elle regarda le Ciel avec mépris & arrogance, comme pour insulter les Dieux. La rage & l'impieté étoient peintes sur son visage agonisant : on ne voyoit plus aucun reste de cette beauté qui avoit fait le malheur de tant d'hommes, toutes ses graces étoient effacées, ses yeux éteints rouloient dans la tête, & jettoient des regards farouches : un mouvement convulsif agitoit ses lévres, & tenoit sa bouche ouverte d'une horrible grandeur, tout son visage tiré & retreffi faisoit des grimaces hideuses : une pâleur livide & une froideur mortelle avoit saisi tout son corps, quelquefois elle sembloit se ranimer, mais ce n'étoit que pour pousser des hurlemens. Enfin elle expira, laissant remplis d'horreur & d'éfroy tous ceux qui la virent : ses Manes impies décendirent sans doute dans ces tristes lieux, où les cruelles Danaïdes puisent éternellement de l'eau dans des vases percez, où Ixion tourne à jamais sa roüe, où Tantale brûlant de soif, ne peut avaler l'eau qui s'enfuït de ses lévres, où Siziphe roule inutilement un rocher qui tombe sans cesse, & où Thitis sentira éternellement dans ses entrailles toûjours renaissantes, un Vautour qui les ronge

Baccazar délivré de ce monstre, rendit graces aux Dieux par d'innombrables sacrifices. Il a commencé son regne par une conduite toute opposée à celle de Pygmalion ; il s'est appliqué à faire refleurir le commerce qui languissoit tous les jours de plus en plus ; il a pris les conseils de Narbal pour les principales affaires, & n'est pourtant pas gouverné par lui, car il veut tout voir par lui-même, il écoute tous les differens avis qu'on veut lui donner, & décide ensuite sur ce qui lui paroît le meilleur ; il est aimé des peuples : en possedant les cœurs, il possede plus de tresors que son pere n'en avoit amassé par son avarice cruelle ; car il n'y a aucune famille qui ne lui donnât tout ce qu'elle a de bien, s'il se trouvoit dans une pressante necessité : ainsi ce qu'il leur laisse est plus à lui que s'il le leur ôtoit, il n'a pas besoin de se précautionner pour la sûreté de sa vie : car il a toûjours autour de lui la plus sûre garde, qui est l'amour des peuples ; il n'y a aucun de ses sujets qui ne craigne de le perdre, & qui ne hazardât sa propre vie pour conserver celle d'un si bon Roy. Il vit heureux, & tout son peuple est heureux avec lui ; il craint de charger trop ses peuples, ses peuples craignent de ne lui offrir pas une assez grande partie de leurs biens ; il les laisse dans l'abondance, & cette abondance ne les rend ni indociles, ni insolens : car ils sont laborieux, adonnez au commerce, fermes à conserver la pureté des anciennes loix. La Phenicie est remontée au plus haut point de sa grandeur & de sa gloire. C'est à son jeune Roy qu'elle doit tant de prosperitez. Narbal gouverne sous lui, ô Telemaque ! s'il vous voyoit maintenant avec quelle joye vous combleroit-il de presens ? Quel plaisir seroitce pour lui de vous renvoyer magnifiquement dans vôtre patrie ? Ne suis-je pas heureux de faire ce qu'il voudroit pouvoir faire lui-même, & d'aller dans l'Isle d'Itaque mettre sur le Trône le fils d'Ulysse, afin qu'il y regne aussi sagement que Baccazar regne à Tyr.

Aprés qu'Adoan eut parlé ainsi : Telemaque charmé de l'histoire que ce Phenicien venoit de raconter, & plus encore des marques d'amitié qu'il en recevoit dans son malheur, l'embrassa tendrement. Ensuite Adoan lui demanda par quelle avanture il étoit entré dans l'Isle de Calypso. Telemaque lui fit à son tour l'histoire de son départ de Tyr, de son passage dans l'Isle de Chipre, de la maniere dont il avoit retrouvé Mentor, de leur voyage en Crete, des jeux publics pour l'élection d'un Roi aprés la fuite d'Idomenée, de la colere de Venus, de leur naufrage, du plaisir avec lequel Calypso les avoit reçûs, de la jalousie de cette Déesse contre une de ses Nymphes, & de l'action de Mentor qui avoit jetté son ami dans la mer dans le moment qu'il vit le Vaisseau Phenicien.

Aprés ces entretiens Adoan fit servir un [ma]gnifique repas, & pour témoigner une plus [g]rande joye, il rassembla tous les plaisirs dont [o]n pouvoit joüir pendant le repas, qui fut servi par des jeunes Pheniciens vétus de blanc & couronnez de fleurs, on brûla les plus exquis parfums de l'Orient, tous les bancs de Rameurs étoient pleins de joüeurs de flûtes : Achitoas les interrompoit de tems en tems par les doux accords de sa voix & de sa lyre, digne d'être entenduë de la table des Dieux, & de ravir les oreilles d'Apollon même. Les Tritons, les Nereides, toutes les Divinitez qui obéïssent à Neptune, les monstres marins mêmes sortoient de leurs Grotes humides & profondes pour venir en foule autour du Vaisseau charmé par cette mélodie. Une troupe de jeune Pheniciens d'une rare beauté, & vétus de fin lin plus blanc que la neige, danserent long-tems les danses de leur Païs, puis celle d'Egypte, & enfin celles de la Grece, de tems en tems des trompettes faisoient retentir l'onde jusqu'aux rivages éloignez. Le silence de la nuit, le calme de la mer, la lumiere tremblante de la Lune répanduë sur la face des ondes, le sombre azur du Ciel semé de brillantes Etoiles, servoient à rendre ce spectacle encore plus beau.

Telemaque d'un naturel vif & sensible goûtoit tous ces plaisirs, mais il n'osoit y livrer son cœur : Depuis qu'il avoit éprouvé avec tant de honte dans l'Isle de Calypso combien la jeunesse est prompte à s'enflâmer, tous les plaisirs mêmes les plus innocens lui faisoient peur, tout lui étoit suspect; il regardoit Mentor, il cherchoit sur son visage & dans ses yeux ce qu'il devoit penser de tous ces plaisirs. Mentor étoit bien-aise de le voir dans cét embarras, & ne faisoit pas semblant de le remarquer. Enfin touché de la moderation de Telemaque, il lui dit en soûriant : Je comprens ce que vous craignez, vous êtes loüable de cette crainte; mais il ne faut pas la pousser trop loin. Personne ne souhaitera jamais plus que moi que vous goûtiez des plaisirs, mais des plaisirs qui ne vous passionnent ni ne vous amolissent; il vous faut des plaisirs que vous possediez, & non pas des plaisirs qui vous possedent & qui vous entraînent; je vous souhaite des plaisirs doux & moderez, qui ne vous ôtent point la raison, & qui ne vous rendent jamais semblable à une bête en fureur. Maintenant il est à propos de vous délasser de toutes vos peines, goûtez avec complaisance pour Adoan, les plaisirs qu'il vous offre, réjoüissez-vous, Telemaque, réjoüissez-vous; la sagesse n'a rien d'austere ni d'affecté; c'est elle qui donne les vrais plaisirs, elle seule les sçait assaisonner pour les rendre purs & durables; elle sçait mêler les jeux & les ris avec les occupations graves & serieuses; elle prépare le plaisir par le travail, & elle délasse du travail

par

ar le plaisir. La sagesse n'a point de honte de
aroître enjoüée quand il le faut.

En disant ces paroles, Mentor prit une lyre, en joüa avec tant d'Art, qu'Achitoas jaloux laissa tomber la sienne de dépit : ses yeux 'allumerent, son visage troublé changea de couleur ; tout le monde eût apperçû sa peine & sa honte, si la lyre de Mentor n'eût dans ce moment même enlevé l'ame de tous les assistans. A peine osoit-on respirer, de peur de troubler le silence, & de perdre quelque chose de ce chant divin : on craignoit toûjours qu'il ne finit trop tôt. La voix de Mentor n'avoit aucune douceur effeminée ; mais elle étoit flexible, forte, & elle passionnoit jusques aux moindres choses. Il chanta d'abord les loüanges de Jupiter pere & Roi des Dieux & des hommes, qui d'un signe de sa tête ébranle l'Univers ; puis il representa Minerve qui sort de sa tête, c'est-à-dire, la sagesse que ce Dieu forme au-dedans de lui-même, & qui sort de lui pour instruire les hommes dociles. Mentor chanta ces veritez d'un ton si religieux & si sublime, que toute l'assemblée crut être transportée au plus haut de l'Olympe à la face de Jupiter, dont les regards sont plus perçans que son tonnerre ; ensuite il chanta le malheur du jeune Narcisse, qui devenant follement amoureux de sa propre beauté, qu'il regardoit sans cesse au bord d'une fontaine, se consuma lui-même de douleur, & fut changé en une fleur qui porte son nom. Enfin il chanta aussi la funeste mort du bel Adonis, qu'un Sanglier déchira, & que Venus passionnée pour lui ne pût ranimer en faisant au Ciel des plaintes ameres.

Tous ceux qui l'écoutérent ne pûrent retenir leurs larmes, & chacun sentoit je ne sçai quel plaisir en pleurant : quand il eût cessé de chanter, les Pheniciens étonnez se regardoient les uns les autres, l'un disoit, c'est Orphée, c'est ainsi qu'avec une lyre il apprivoisoit les bêtes farouches, & enlevoit les bois & les rochers, c'est ainsi qu'il enchanta Cerbere, qu'il suspendit les tourmens d'Ixion & des Danaïdes, & qu'il toucha l'inexorable Pluton, pour tirer des Enfers la belle Euridice : un autre s'écrioit, non, c'est Linus fils d'Apollon, un autre répondoit, vous vous trompez, c'est Apollon lui-même. Telemaque n'étoit guéres moins surpris que les autres ; car il n'avoit jamais sçû que Mentor sçût avec tant de perfection chanter & joüer de la lyre. Achitoas qui avoit eû le loisir de cacher sa jalousie, commença à donner des loüanges à Mentor, mais il rougit en le loüant, & il ne pût achever son discours. Mentor qui voyoit son trouble, prit la parole, comme s'il eût voulu l'interrompre, & tâcha de le consoler, en lui donnant toutes les loüanges qu'il méritoit. Achitoas ne fut point consolé : car il sentit que Mentor le surpassoit ncore plus par sa modestie, que par les charmes de sa voix.

Cependant Telemaque dit à Adoan, je me souviens que vous m'avez parlé d'un voiage que vous fîtes dans la Betique depuis que nous fûmes partis d'Egypte : la Betique est un païs dont on raconte tant de merveilles, qu'à peine peut-on les croire ; daignez m'apprendre si tout ce qu'on en dit, est vrai. Je serai fort aise, répondit Adoan, de vous dépeindre ce fameux païs digne de vôtre curiosité, & qui surpasse tout ce que la renommée en publie. Aussi-tôt il commença ainsi.

Le fleuve Betis coule dans un païs fertile, & sous un Ciel doux, qui est toûjours serain : le pays a pris le nom de ce fleuve qui se jette dans le grand Ocean assez prés des Colonnes d'Hercules, & de cét endroit où la mer furieuse rompant ses digues, sépara autrefois la terre de Tharsis, d'avec la grande Affrique. Ce pays semble avoir conservé les délices de l'âge d'or ; les Hyvers y sont tiedes, & les rigoureux Aquilons n'y souflent jamais ; l'ardeur de l'Esté y est toûjours temperée par des Zéphirs rafraîchissans qui viennent adoucir l'air vers le milieu du jour. Ainsi toute l'année n'est qu'un heureux hymen du Printems & de l'Automne, qui semblent se donner la main. La terre dans les valons & dans les campagnes unies, y porte chaque année une double moisson. Les montagnes sont couvertes de troupeaux qui fournissent des laines fines recherchées de toutes les Nations connuës. Il y a plusieurs mines d'or & d'argent dans ce beau pays ; mais les habitans simples & heureux dans leur simplicité, ne daignent pas seulement compter l'or & l'argent parmi leurs richesses, ils n'estiment que ce qui sert véritablement aux besoins de l'homme. Quand nous avons commencé à faire nôtre commerce chez ces peuples, nous avons trouvé l'or & l'argent parmi eux employé aux mêmes usages que le fer, par exemple, pour des socs de charuë : comme ils ne faisoient aucun commerce au-dehors, ils n'avoient besoin d'aucune monnoye ; ils sont presque tous Bergers ou Laboureurs. On voit en ce pays peu d'artisans, car ils ne veulent souffrir que les Arts qui servent aux véritables necessitez des hommes, encore même la plûpart des hommes en ce Pays étant adonnez à l'agriculture, ou à conduire des troupeaux, ne laissent pas d'exercer les Arts necessaires pour leur vie simple & frugale. Les femmes filent cette belle laine, font des étofes fines, & d'une merveilleuse blancheur, elles font le pain, apprêtent à manger, & ce travail leur est facile ; car on ne vit en ce pays que de fruits ou de lait, & rarement de viande ; elles font du cuir de leurs moutons, une legere chaussure pour eles, pour leurs maris & pour leurs enfans, lles font des tentes, dont les uns font de aux cirées, les autres d'écorces d'arbres ; lles lavent les habits, tiennent les maifons ans un ordre & une propreté admirable,

font tous les habits de la famille, ils font ifez à faire ; car en ce doux climat on ne rte qu'une piece d'étofe fine & legere, qui l'eft point taillée, & que chacun met à longs lis autour de fon corps pour la modeftie, ui donnant la forme qu'il veut : les hommes 'ont d'autres Arts à exercer outre la cultue des terres, & la conduite des troupeaux, que l'art de mettre le bois & le fer en œuvre, encore même ne fe fervent-ils guére de fer, excepté pour les inftrumens neceffaires au labourage. Tous les Arts qui regardent l'Architecture, leur font inutiles, car ils ne bâtiffent jamais de maifon ; c'eft, difent-ils, s'attacher trop à la terre, que de fe faire une demeure qui dure beaucoup plus que nous, il fuffit de fe défendre des injures de l'air. Pour tous les autres Arts eftimez chez les Grecs, chez les Egyptiens, & chez tous les autres peuples policez, ils les déteftent comme des inventions de la vanité & de la moleffe : quand on leur parle des peuples qui ont l'Art de faire des Bâtimens furperbes, des meubles d'or & d'argent, des étofes ornées de broderies & de pierres précieufes, des parfums exquis, des mets délicieux, des inftrumens dont l'harmonie charme, ils répondent en ces termes: Ces peuples sont bien malheureux d'avoir employé tant de travail & d'industrie à se corrompre eux-mêmes; ce superflu amolit, enyvre, tourmente ceux qui le possedent; il tente ceux qui en sont privez, de vouloir l'acquerir par l'injustice & par la violence. Peut-on nommer bien un superflu qui ne sert qu'à rendre les hommes mauvais? Les hommes de ce Païs sont-ils plus sains, plus robustes, que nous? Vivent-ils plus long-temps? Sont-ils plus unis entr'eux? Menent-ils une vie plus tranquille, plus gaye? Au contraire ils doivent être jaloux les uns des autres, rongez par une lâche & noire envie, toûjours agitez par l'ambition, par la crainte, par l'avarice, incapables des plaisirs purs & simples, puisqu'ils sont esclaves de tant de fausses necessitez, dont ils font dépendre tout leur bonheur. C'est ainsi, continuoit Adoam, que parlent ces hommes sages, qui n'ont appris la sagesse qu'en étudiant la simple nature; ils ont horreur de nôtre politesse, & il faut avoüer que la leur est grande dans leur aimable simplicité, ils vivent tous ensemble sans partager les terres; chaque famille est gouvernée par son chef, qui en est le véritable Roy: le pere de famille est en droit de punir chacun de ses enfans, ou petits-enfans, qui fait une mauvaise action: mais avant que de le punir, il prend les avis du reste de la famille. Les punitions n'arrivent presque jamais : car l'innocence des mœurs, la bonne foy, l'obéïssance & l'horreur du vice, habitent dans cette heureuse terre, il semble qu'Astrée qu'on dit qui est retirée dans le Ciel, est encore ici-bas cachée parmi ces hommes ; il ne faut point de Juges parmi eux, car leur propre conscience les juge : tout les biens sont communs, les fruits des arbres, les légumes de la terre, le lait des troupeaux, sont des richesses si abondantes, que des peuples si sobres & si moderez n'ont pas besoin de les partager; chaque famille errante dans ce beau païs, transporte ses tentes d'un lieu en un autre, quand elle a consumé les fruits & épuisé ses pâturages de l'endroit où elle s'étoit mise : ainsi ils n'ont point d'interêts à soûtenir les uns contre les autres, & ils s'aiment tous d'un amour fraternel que rien ne trouble ; c'est le retranchement des vaines richesses, & des plaisirs trompeurs, qui leur conserve cette paix, cette union & cette liberté; ils sont tous libres, tous égaux : on ne voit parmi eux aucune distinction que celle qui vient de l'experience des sages Vieillards, ou de la sagesse extraordinaire de quelques jeunes hommes, qui égalent les Vieillards consommez en vertu : la fraude, la violence, le parjure, les procez, les guerres, ne font jamais entendre leur voix cruelle & empestée dans ce pays chéri des Dieux. Jamais le sang humain n'a rougi cette terre, à peine y voit-on couler celui des Agneaux : quand on parle à ces peuples des batailles sanglantes, des rapides conquêtes, des renversemens d'Etats qu'on voit dans les autres Nations, ils ne peuvent assez s'étonner. Quoy, disent-ils, les hommes ne sont-ils pas assez mortels, sans se donner encore les uns aux autres une mort précipitée ? La vie est courte, & il semble qu'elle leur paroisse trop longue ! Sont-ils sur la terre pour se déchirer les uns les autres, & pour se rendre mutuellement malheureux ? Au reste, ces peuples de la Betique ne peuvent comprendre qu'on admire tant les Conquerans, qui subjuguent les grands Empires : Quelle folie, disent-ils, de mettre son bonheur à gouverner les autres hommes, dont le gouvernement donne tant de peine, si on veut les gouverner avec raison & suivant la justice ? Mais pourquoy prendre plaisir à les gouverner malgré eux ? C'est tout ce qu'un homme sage peut faire, que de vouloir s'assujettir à gouverner un peuple docile, dont les Dieux l'ont chargé, ou un peuple qui le prie d'être comme son pere & son Pasteur, mais gouverner les peuples contre leur volonté, c'est se rendre très-misérable pour avoir le faux honneur de les tenir dans l'esclavage. Un Conquerant est un homme que les Dieux irritez contre le

genre

genre humain, ont donné à la terre dans leur colere pour ravager les Royaumes, pour répandre par tout l'effroi, la misere, le desespoir, & pour faire autant d'esclaves qu'il y a d'hommes libres. Un homme qui cherche la gloire, ne la trouve-t'il pas assez, en conduisant avec sagesse ce que les Dieux ont mis dans ses mains ? Croit-il ne pouvoir meriter des loüanges qu'en devenant violent, injuste, hautain, usurpateur, tyrannique sur tous ses voisins ? Il ne faut jamais songer à la guerre, que pour défendre sa liberté: heureux, qui n'étant point esclave d'autrui, n'a point la folle ambition de faire d'autrui son esclave. Ces grands Conquerans qu'on nous dépeint avec tant de gloire, ressemblent à ces fleuves débordez, qui paroissent majestueux, mais qui ravagent toutes les fertiles campagnes qu'ils devroient seulement arroser.

Aprés qu'Adoan eût fait cette peinture de la Betique, Telemaque charmé lui fit diverses questions curieuses. Ces peuples, lui dit-il, boivent-ils du vin ? Ils n'ont garde d'en boire, reprit Adoan, car ils n'ont jamais voulu en faire, ce n'est pas qu'ils manquent de raisins, aucune terre n'en porte de plus délicieux; mais ils se contentent de manger le raisin comme les autres fruits, & ils craignent le vin comme le corrupteur des hommes. C'est une espece de poison, disent-ils, qui met en fureur; il ne fait pas mourir l'homme, mais il le rend bête, les hommes peuvent conserver leur santé & leur force sans le vin, avec le vin ils courent risque de ruïner leur santé & de perdre les bonnes mœurs.

Telemaque disoit ensuite. Je voudrois bien sçavoir quelles loix règlent les mariages de cette Nation ? Chaque homme, répondit Adoan, ne peut avoir qu'une femme, il faut qu'il la garde tant qu'elle vit ; l'honneur des hommes en ce Pays dépend autant de leur fidelité à l'égard de leurs femmes, que l'honneur des femmes dépend chez les autres peuples de leur fidelité pour leurs maris. Jamais peuple ne fut si honnête, ni si jaloux de la pureté, les femmes y sont belles & agréables, mais simples, modestes & laborieuses ; les mariages y sont paisibles, féconds, sans tache, le mary & la femme semblent n'être plus qu'une seule personne en deux corps differens, le mary & la femme partagent ensemble tous les soins domestiques ; le mary régle toutes les affaires du dehors, la femme se renferme dans son ménage, elle soulage son mary, elle paroît n'être faite que pour lui plaire, elle gagne sa confiance, & met moins par sa beauté que par sa vertu, un charme dans leur societé qui dure autant que leur vie ; la sobrieté, la moderation, & les mœurs pures de ce peuple, lui donnent une vie longue & exempte de maladie. On y voit des Vieillards de cent & de six-vingt ans, qui ont encore de la gayeté & de la vigueur.

Il me reste, ajoûtoit Telemaque, à sçavoir comment ils font pour éviter la guerre avec les autres peuples voisins. La nature, dit Adoan, les a séparez des autres peuples, d'un côté par la mer, & de l'autre par de hautes montagnes. D'ailleurs les peuples voisins les respectent à cause de leur vertu, souvent les autres peuples ne pouvant s'accorder entr'eux, les ont pris pour juges de leurs differens, & leur ont confié les terres & les Villes qu'ils disputoient entr'eux. Comme cette sage Nation n'a jamais fait aucune violence, personne ne se défie d'elle, ils rient quand on leur parle des Rois qui ne peuvent régler entr'eux les fontieres de leurs Etats. Peut-on craindre, disent-ils, que la terre manque aux hommes ? Il y en aura toûjours plus qu'ils ne pourront cultiver, tandis qu'il restera des terres libres, nous ne voudrions pas même défendre les nôtres contre des voisins qui voudroient s'en saisir. On ne trouve dans tous les habitans de la Betique, ni orgueil, ni hauteur, ni mauvaise foy, ni envie d'étendre leur domination. Ainsi leurs voisins n'ont jamais rien à craindre d'un tel peuple, & ne peuvent esperer de s'en faire craindre ; c'est pourquoy ils le laissent en repos. Ce peuple abandonneroit son païs, ou se livreroit à la mort, plûtôt que d'accepter la servitude ; ainsi il est autant difficile à subjuguer, qu'il est éloigné de vouloir subjuguer les autres : c'est ce qui fait une paix profonde entr'eux & leurs voisins.

Adoam finit ce discours en racontant d[e] quelle maniere les Pheniciens faisoient leu[r] commerce dans la Betique : Ce peuple, disoit-il, fut tout étonné quand ils virent venir à travers des ondes de la mer des hommes é[t]rangers qui venoient de si loin ; ils nous r[eçû]rent avec bonté, & nous firent part de tou[t] ce qu'ils avoient sans vouloir de nous aucu[n] payement ; ils nous offrirent tout ce qu'il leu[r] restoit de leurs laines, aprés qu'ils en auroien[t] fait leur provision pour leur usage ; & en effe[t] ils nous en envoyerent un riche present. C'e[st] un plaisir pour eux que de donner liberalement aux étrangers leur superflu. Pour leurs mines, ils n'eurent aucune peine à nous les abandonner ; elles leur étoient inutiles : il leur paroissoi[t] que les hommes n'étoient gueres sages d'aller chercher par tant de travaux dans les entrailles de la terre, ce qui ne peut les rendre heureux, ni satisfaire à aucun vray besoin. Ne creusez point, nous disoient-ils, si avant dan[s] la terre, contentez-vous de la labourer, ell[e] vous donnera de veritables biens, qui vou[s] nourriront, vous en tirerez des fruits qui va[l]ent mieux que l'or & que l'argent, puisq[ue] les hommes ne veulent de l'or & de l'argen[t] que pour en acheter les alimens qui soûtien[n]ent leur vie ; nous avons souvent voulu leu[r] apprendre la Navigation, & mener les jeu[nes] hommes de leur païs dans la Phenicie, mai[s] ils n'ont jamais voulu que leurs enfans appri[ssent]

ent à vivre comme nous : Ils aprendroient, nous disoient-ils, à avoir besoin de toutes les choses qui vous sont devenuës necessaires ; ils voudroient les avoir ; ils abandonneroient la vertu pour les obtenir ; ils deviendroient comme un homme qui a de bonnes jambes, & qui perdant l'habitude de marcher s'accoûtume enfin au besoin d'être toûjours porté comme un malade. Pour la Navigation ils l'admirent à cause de l'industrie de cét Art ; mais ils croyent que c'est un Art pernicieux. Si ces gens-là, disent-ils, ont suffisamment en leur païs ce qui est necessaire à la vie, que vont-ils chercher en un autre ? Ce qui suffit au besoin de la nature, ne leur suffit-il pas ? Ils meriteroient de faire naufrage, puisqu'ils cherchent la mort au milieu des tempêtes pour assouvir leur avarice.

Telemaque étoit ravi d'entendre ce discours d'Adoan ; il se réjoüissoit qu'il y eût encore un peuple au monde, qui suivant la droite nature fut si sage & si heureux tout ensemble. O ! combien ces mœurs, disoit-il, sont-elles éloignées des mœurs vaines & ambitieuses des peuples qu'on croit les plus sages ! Nous sommes tellement gâtez, qu'à peine pouvons-nous croire que cette simplicité si naturelle puisse être véritable : nous regardons les mœurs de ce peuple comme une belle fable, & il doit regarder les nôtres comme un songe monstrueux.

S iij

SOMMAIRE
DU SEPTIE'ME LIVRE.

Venus ne pouvant souffrir Telemaque aller en Itaque, va trouver Jupiter dans l'assemblée des Dieux, se plaint du mépris que Telemaque a fait de ses Sacrifices, & demande qu'il perisse. Jupiter répond qu'il n'est pas écrit dans les destinées qu'il perira, mais qu'il errera long-tems sans trouver son pays. Elle va trouver Neptune & le prie d'exciter des tempêtes & de prolonger ses erreurs. Neptune par complaisance, éleve un nuage trompeur, & fait voir au Pilote une fausse Itaque où ils abordent. Telemaque & Mentor ayant mis pied à terre, trouvent Idomenée fugitif de Crete, qui, avec ses amis, avoit bâti sur cette côte une nouvelle Ville, nommée Salente. Idomenée charmé de retrouver le fils d'Ulysse, luy fait beaucoup d'accueil, & reconnoît Mentor qu'il avoit vû au Siége de Troye. Ils vont ensemble au Temple où la Prêtresse annonce un Oracle ambigu à Telemaque, qui en cherche l'explication. Idomenée raconte à Mentor l'état de son nouveau Royaume & la guerre dans laquelle il est engagé contre ses voisins. Mentor aprés avoir examiné les raisons pour lesquelles un Roy peut faire la Guerre, lui déclare que sa Guerre est injuste, & qu'il ne doit pas la continuër. Il se charge de faire la Paix, & d'accommoder leurs diferens.

LES AVANTURES DE TELEMAQUE FILS D'ULYSSE.

LIVRE SEPTIE'ME.

PENDANT que Telemaque & Adoan s'entretenoient de la sorte, oublians le sommeil, & n'apercevant pas que la nuit étoit déja au milieu de sa course, une Divinité ennemie & trompeuse les éloignoit d'Itaque, que leur Pilote Achamas cherchoit en vain. Neptune, quoique favorable aux Pheniciens, ne pouvoit suporter plus long-tems que Telemaque eût échapé à la tempête qui l'avoit jetté contre les rochers de l'Isle de Calypso. Venus étoit encore plus irritée de voir ce jeune homme qui triomphoit ayant vaincu l'amour & tous les charmes : dans les transports de sa douleur, elle monte vers l'Olympe, où les Dieux étoient assemblez auprés de Jupiter. De ce lieu ils apperçoivent les Astres qui roulent sous leurs pieds, ils voyent le

Globe de la terre comme un petit amas de bouë, les mers immenses ne leur paroissent que comme des goutes d'eau dont ce morceau de bouë est un peu détrempé : les plus grands Royaumes ne sont à leurs yeux qu'un peu de sable qui couvre la superficie de cette bouë, les peuples innombrables & les plus puissantes armées ne sont que comme des fourmis qui se disputent les unes aux autres un brin d'herbe sur ce morceau de bouë. Les Immortels rient des affaires les plus sérieuses qui agitent les foibles Mortels, & elles leur paroissent des jeux d'enfant ; ce que les hommes appellent grandeur, gloire, puissance, ne paroît à ces suprêmes Divinitez que misere & que foiblesse : c'est dans cette demeure si élevée au-dessus de la terre, que Jupiter a posé son trône immobile ; ses yeux percent jusques dans l'abîme, & éclairent jusques dans les derniers replis des cœurs, ses regards doux & serains répandent le calme & la joye dans tout l'Univers : au contraire quand il secouë sa chevelure, il ébranle le Ciel & la Terre ; les Dieux mêmes éblouïs des rayons de gloire qui l'environnent, ne s'en approchent qu'avec tremblement. Toutes les Divinitez celestes étoient dans ce moment auprés de lui.

Venus se presenta avec tous les charmes qui naissent dans son sein, sa robe flotante avoit plus d'éclat que toutes les couleurs dont

Iris se pare au milieu des sombres nuages, quand elle vient promettre aux Mortels effrayez la fin des tempêtes, & leur avancer le retour du beau tems. Sa robe étoit notée par cette fameuse Ceinture sur laquelle sont representées les Graces; les cheveux de la Déesse étoient attachez par derriere négligemment avec une tresse d'or : tous les Dieux furent surpris de sa beauté, comme s'ils ne l'eussent jamais vûë, & leurs yeux en furent éblouïs comme ceux des Mortels, quand Phœbus aprés une longue nuit vient les éclairer par ses rayons; ils se regardoient les uns les autres avec étonnement, & leurs yeux revenoient toûjours sur Venus, mais ils apperçûrent que les yeux de cette Déesse étoient baignez de larmes, & qu'une douleur amere étoit peinte sur son visage ; cependant elle s'avançoit vers le trône de Jupiter d'une démarche douce & legere, comme le vol rapide d'un oiseau qui fend l'espace immense des airs ; il la regarde avec complaisance, il lui fit un doux soûris, & se levant il l'embrassa.

Ma chere fille, lui dit-il, quelle est vôtre peine ! Je ne puis voir vos larmes sans en être touché : ne craignez point de m'ouvrir vôtre cœur, vous connoissez ma tendresse & ma complaisance.

Venus lui répondit d'une voix douce, mais entrecoupée de profonds soûpirs, O pere des

Dieux & des hommes ! Vous qui voyez tout, pouvez-vous ignorer ce qui fait ma peine ? Minerve ne s'est pas contentée d'avoir renversé jusqu'aux fondemens de la superbe Ville de Troye que je défendois, & de s'être vangée de Paris qui avoit préferé ma beauté à la sienne, elle conduit par toutes les terres & par toutes les mers le fils d'Ulysse, ce cruel destructeur de Troye. Telemaque est accompagné par Minerve, c'est ce qui empêche qu'elle ne paroisse icy en son rang avec les autres Divinitez, elle a conduit ce jeune temeraire dans l'Isle de Chypre pour m'outrager ; il a méprisé ma puissance, il n'a pas daigné seulement brûler de l'encens sur mes Autels, il a témoigné avoir horreur des Fêtes que l'on celebre en mon honneur, il a fermé son cœur à tous mes plaisirs. En vain Neptune pour le punir, à ma priere, a irrité les vents & les flots contre lui. Telemaque jetté par un naufrage dans l'Isle de Calypso, a triomphé de l'Amour même que j'avois envoyé dans cette Isle pour attendrir le cœur de ce jeune Grec ; ni la jeunesse, ni les charmes de Calypso & de ses Nymphes, ni les traits enflâmez de l'Amour, n'ont pû surmonter les artifices de Minerve ; elle l'a arraché de cette Isle, me voila confonduë, un enfant triomphe de moy !

Jupiter pour consoler Venus, lui dit : Il est vray, ma fille, que Minerve défend le cœur de ce jeune Grec contre toutes les flêches de vôtre fils, & qu'elle lui prépare une gloire que jamais jeune homme n'a meritée. Je suis fâché qu'il ait méprisé vos Autels, mais je ne puis le soûmettre à vôtre puissance. Je consens pour l'amour de vous qu'il soit encore errant par mer & par terre, qu'il vive loin de sa patrie, exposé à toutes sortes de maux & de dangers, mais les destins ne permettent ni qu'il périsse, ni que sa vertu succombe dans les plaisirs, dont vous flâtez les hommes. Consolez-vous, ma fille, soyez contente de tenir dans vôtre Empire tant d'autres Heros, & d'Immortels ? En disant ces paroles, il fit à Venus un soûris plein de grace & de majesté. Un éclat de lumiere semblable aux plus perçans éclairs, sortit de ses yeux, en baisant Venus avec tendresse, il répandit une odeur d'ambroisie dont toute l'Olympe fut parfumée. La Déesse ne pût s'empêcher d'être sensible à cette caresse du plus grand des Dieux : malgré ses larmes & sa douleur, on vit la joye se répandre sur son visage, elle baissa son voile pour cacher la rougeur de ses joües & l'embaras où elle se trouvoit. Toute l'assemblée des Dieux applaudit aux paroles de Jupiter, & Venus sans perdre un moment alla trouver Neptune pour concerter avec lui les moyens de se venger de Telemaque ; elle raconta à Neptune ce que Jupiter lui avoit dit.

Je sçavois déja, répondit Neptune, l'ordre immuable des destins ; mais si nous ne pouvons abîmer Telemaque dans les flots de la mer, du moins n'oublions rien pour le rendre malheureux, & pour retarder son retour en Itaque. Je ne puis consentir à faire périr le Vaisseau Phenicien dans lequel il est embarqué, j'aime les Pheniciens, c'est mon peuple, nulle autre Nation de l'Univers ne cultive comme eux mon Empire : c'est par eux que la mer est devenuë le lien de la société de tous les peuples de la terre ; ils m'honorent de continuels sacrifices, ils sont justes, sages & laborieux dans le commerce, ils répandent par tout la commodité & l'abondance. Non, Déesse, je ne puis souffrir qu'un de leurs Vaisseaux fasse naufrage ; mais je ferai que le Pilote perdra sa route, & qu'il s'éloignera d'Itaque où il veut aller. Venus contente de cette promesse, rit avec malignité, & retourna dans son Char volant sur les Prez fleuris d'Idalie, où les Graces, les Jeux & les Ris, témoignerent leur joye de la revoir, dansant autour d'elle sur les fleurs qui parfument ce charmant séjour.

Neptune envoya aussi-tôt une Divinité trompeuse, semblable aux songes, excepté que les songes ne trompent que pendant le sommeil, au lieu que cette Divinité enchante les sens des hommes qui veillent. Ce Dieu malfaisant environné d'une troupe innombrable de mensonges aîlez, qui voltigent autour de lui, vint répandre une liqueur subtile & enchantée sur les yeux du Pilote Achamas, qui consideroit attentivement la clarté de la Lune, le cours des Etoiles & le rivage d'Itaque, dont il découvroit déja assez prés de lui les rochers escarpez. Dans ce même moment les yeux du Pilote ne lui montrerent plus rien de véritable, un autre Ciel se presenta à lui, les Etoiles parurent comme si elles avoient changé leur course, & qu'elles fussent revenuës sur leurs pas. Tout l'Olympe sembloit se mouvoir par des loix nouvelles, la terre même étoit changée, une fausse Itaque se presentoit toûjours au Pilote pour l'amuser, tandis qu'il s'éloignoit de la véritable. Plus il s'avançoit vers cette image trompeuse du rivage de l'Isle, plus cette image reculoit, elle fuyoit toûjours devant lui, & il ne sçavoit que croire de cette fuite ; quelquefois il s'imaginoit entendre le bruit qu'on fait dans un Port, déja il se preparoit selon l'ordre qu'il en avoit reçû, à aller aborder secretement dans une petite Isle qui est auprés de la grande, pour dérober aux Amans de Penelope conjurez contre Telemaque, le retour de ce jeune Prince ; quelquefois il craignoit les écueils, dont cette Côte de la mer est bordée, & il lui sembloit entendre l'horrible mugissement des vagues qui vont se briser contre : puis tout-à-coup il remarquoit que la terre paroissoit encore éloignée, les montagnes n'étoient à ses yeux dans cét éloignement, que comme des petits nuages qui obscurcissent quelquefois l'horison pendant que le Soleil se couche. Ainsi Achamas étoit étonné, & l'impression de la Divinité trompeuse qui charmoit ses yeux, lui faisoit éprouver un certain saisissement qui lui avoit été jusqu'alors inconnu; il étoit même tenté de croire qu'il ne veilloit pas, & qu'il étoit dans l'illusion d'un songe.

Cependant Neptune commanda au vent d'Orient de soufler pour jetter le Navire sur les Côtes de l'Hesperie: le vent obéït avec tant de violence, que ce Navire arriva bien-tôt sur le rivage que Neptune avoit marqué: déja l'Aurore annonçoit le jour, déja les Etoiles qui craignent les rayons du Soleil, & qui en sont jalouses, alloient cacher dans l'Occean leurs sombres feux; quand le Pilote s'écria: Enfin je n'en puis plus douter, nous touchons presque à l'Isle d'Itaque; Telemaque, réjoüissez-vous, dans une heure vous pourrez revoir Penelope, & peut-être trouver Ulysse remonté sur son Trône.

A ce cri Telemaque qui étoit immobile dans les bras du sommeil, s'éveille, se leve, monte au gouvernail embrasse le Pilote, & de ses yeux à peine encore ouverts, regarde fixement la Côte voisine, il gémit, ne reconnoissant pas les rivages de sa patrie. Helas!

sommes-nous, dit-il ? Vous vous êtes rompé, Achamas, vous connoissez mal cette Côte si éloignée de vôtre Païs ? Non, non, répondit Achamas, je ne puis me tromper sur reconnoître les bords de cette Isle. Combien de fois suis-je entré dans vôtre Port ? J'en connois jusqu'aux moindres rochers. Le rivage de Tyr n'est guére mieux dans ma memoire, reconnoissez cette montagne qui avance, voyez ce rocher qui s'éleve comme une tour, n'entendez-vous pas la vague qui se rompt contre les autres rochers, qui semblent menacer la mer par leur chûte ? Mais ne remarquez-vous pas ce Temple de Minerve qui fend la nuë ? Voila la Forteresse de la maison d'Ulysse vôtre pere.

Vous vous trompez, Achamas, répondit Telemaque, je vois au contraire une Côte assez reculée, mais unie, j'apperçois une Ville qui n'est point Itaque. O Dieux ! Est-ce ainsi que vous vous joüez des hommes ! Pendant qu'il disoit ces paroles, tout-à-coup les yeux d'Achamas furent changez, le charme se rompit, il vit le rivage tel qu'il étoit véritablement, & reconnut son erreur. Je l'avouë, Telemaque ! s'écria-t-il, quelque Divinité ennemie avoit enchanté mes yeux ; je croyois voir Itaque, & son image toute entiere se presentoit à moy ; mais dans ce moment elle disparoît comme un songe, je vois une autre Ville, c'est sans doute Salente qu'Idomenée fugitif de Crete vient de fonder dans l'Hesperie, j'apperçois des murs qui s'élevent, & qui ne sont pas encore achevez, je vois un Port qui n'est pas entierement fortifié. Pendant qu'Achamas remarquoit les divers ouvrages nouvellement faits dans cette Ville naissante, & que Telemaque déploroit son malheur, ce vent que Neptune, faisoit souffler, les fit entrer à pleines voiles dans une Rade où ils se trouverent à l'abri, & tout auprés du Port.

Mentor qui n'ignoroit ni la vengeance de Neptune, ni le cruel artifice de Venus, n'avoit fait que soûrire de l'erreur d'Achamas : quand ils furent dans cette rade, Mentor dit à Telemaque ; Jupiter vous éprouve, mais il ne veut pas vôtre perte, au contraire, il ne vous éprouve que pour vous ouvrir le chemin de la gloire. Souvenez-vous des travaux d'Hercules, ayez toûjours devant vos yeux ceux de vôtre pere. Quiconque ne sçait pas souffrir, n'a point un grand cœur ; il faut par vôtre patience & vôtre courage lasser la cruelle fortune qui se plaît à vous persecuter ; je crains moins pour vous les plus affreuses disgraces de Neptune, que je ne craignois les caresses flâteuses de la Déesse qui vous retenoit dans son Isle. Que tardons-nous ? Entrons dans ce Port, voici un peuple ami : c'est chez les Grecs que nous arrivons : Idomenée si maltraité par la fortune aura pitié des malheureux.

Aussi-tôt ils entrerent dans le Port de Salente ;

ente, où le Vaisseau Phenicien fut reçû sans
 ine, parceque les Pheniciens sont en paix &
n commerce avec tous les peuples de l'Uni-
ers. Telemaque regardoit avec admiration
ette Ville puissante, semblable à une jeune
lante, qui ayant été nourrie par la douce ro-
ée de la nuit, sent dés le matin les rayons du
oleil qui viennent l'embellir; elle croît, elle
uvre ses tendres boutons, elle étend ses feüil-
es vertes, elle épanoüit ses fleurs odoriferen-
es avec mille couleurs nouvelles: A chaque
moment qu'on la voit, on y trouve un nouvel
éclat. Ainsi fleurissoit la nouvelle Ville d'Idomenée sur le rivage de la mer: chaque jour,
haque heure, elle croissoit avec magnificen-
e; & elle montroit de loin aux Etrangers qui
toient sur la mer, de nouveaux ornemens
'Architecture qui s'élevoient jusqu'au Ciel;
toute la Côte retentissoit des cris des ouvriers,
& des coups de marteau; les pierres étoient
uspenduës en l'air par des gruës avec des cor-
des, tous les Chefs animoient le peuple au
ravail dés que l'Aurore paroissoit: & le Roy
domenée donnant par tout ses ordres luy-
même, faisoit avancer les ouvrages avec une
incroyable diligence.

A peine le Vaisseau Phenicien fut arrivé,
ue les Cretois donnerent à Telemaque & à
Mentor toutes les marques d'amitié sinceres;
on se hâta d'avertir Idomenée de l'arrivée
du fils d'Ulysse. Le fils d'Ulysse, s'écria-t'il,

d'Ulysse ce cher amy, ce sage Heros par nous avons enfin renversé la ville de Troye qu'on me l'amene, & que je lui montre comme j'ai aimé son pere.

Aussi-tôt on lui presente Telemaque, lui dit avec un visage doux & riant: Quand même on ne m'auroit pas dit qui vous êtes, crois que je vous aurois reconnu. Voila Ulysse lui-même, voila ses yeux pleins de feu, dont le regard est si ferme, voila son air d'abord froid & réservé, qui cachoit tant de vivacité & de grace, je reconnois même ce souris fin, cette action négligée, cette parole douce, simple & insinuante qui persuadoit sans qu'on eut le tems de s'en défier. Oüi, vous êtes le fils d'Ulysse, mais vous serez aussi le mien. O mon fils, mon cher fils ! Quelle avanture vous méne sur ce rivage ! Est-ce pour chercher vôtre pere ? Helas ! je n'en ai aucune nouvelle : la fortune nous a persecuté lui & moy, il a eu le malheur de ne pouvoir retrouver sa patrie, & j'ai eu celui de retrouver la mienne pleine de la colere des Dieux contre moi.

Pendant qu'Idomenée disoit ces paroles il regardoit fixement Mentor comme un homme dont le visage ne lui étoit pas inconnu, mais dont il ne pouvoit retrouver le nom. Cependant Telemaque lui répondit les larmes aux yeux.

O Roy ! pardonnez-moy la douleur que j

ne sçaurois vous cacher dans un tems où je ne dévrois vous témoigner que de la joye & de la reconnoissance pour vos bontez. Par le regret que vous témoignez de la perte d'Ulysse, vous m'apprenez vous-même à sentir le malheur de ne point retrouver mon pere. Il y a déja long-tems que je le cherche dans toutes les mers. Les Dieux irritez ne me permettent pas de le revoir, ni de sçavoir s'il a fait naufrage, ni de pouvoir retourner à Itaque où Penelope languit dans le desir d'être délivrée de ses Amans. J'avois crû vous trouver dans l'Isle de Crete, j'y ay sçû vôtre cruelle destinée, & je ne croyois pas devoir jamais approcher de l'Hesperie où vous avez formé un nouveau Royaume ; mais la fortune qui se loüe des hommes, & qui me tient errant dans tous les païs loin d'Itaque, m'a enfin jetté sur vos Côtes. Parmi tous les maux qu'elle m'a faits, c'est celui que je supporte le plus volontiers : si elle m'éloigne de ma patrie, du moins elle me fait connoître le plus sage & le plus genereux de tous les Rois.

A ces mots Idomenée embrasse tendrement Telemaque, & le menant dans son Palais, il lui dit : Quel est donc ce prudent Vieillard qui vous accompagne ? Il me semble que je l'ai souvent vû autrefois. C'est Mentor, repliqua Telemaque, Mentor ami d'Ulysse, à qui il a confié mon enfance. Qui pourroit vous dire tout ce que je lui dois ?

Aussi-tôt Idomenée s'avance, tend la main à Mentor : Nous nous sommes vûs, dit-il, autrefois. Vous souvenez-vous du voyage que vous fîtes en Crete, & des bons conseils que vous me donnâtes ? Mais alors l'ardeur de la jeunesse & le goût des vains plaisirs, m'entraînoient. Il a falu que mes malheurs m'ayent instruit pour m'aprendre ce que je ne voulois pas croire. Plût aux Dieux que je vous eusse crû, ô sage Vieillard ! Mais je remarque avec étonnement que vous n'êtes point changé depuis tant d'années ; c'est la même fraîcheur de visage, la même taille droite, la même vigueur, vos cheveux seulement ont un peu blanchi.

Grand Roy, répondit Mentor ! si j'étois flâteur, je vous dirois de même, que vous avez conservé cette fleur de jeunesse qui éclatoit sur vôtre visage avant le siége de Troye, mais j'aimerois mieux vous déplaire que de blesser la verité. D'ailleurs, je vois par vôtre sage discours que vous n'aimez pas la flâterie, & qu'on ne hazarde rien en vous parlant avec sincerité. Vous êtes bien changé, & j'aurois eû de la peine à vous reconnoître. J'en connois clairement la cause, c'est que vous avez beaucoup souffert par vos malheurs ; mais vous avez bien gagné en souffrant, puisque vous avez acquis la sagesse. On doit se consoler aisément des rides qui viennent sur le visage, pendant que le cœur s'exerce & se fortifie dans la vertu. Or sçachez que les Rois s'usent toûjours plus que les autres hommes. Dans l'adversité, les peines de l'esprit & les travaux du corps, les font vieillir avant le tems : dans la prosperité, les délices d'une vie molle les usent bien plus encore que tous les travaux de la guerre. Rien n'est si mal sain que les plaisirs où l'on ne peut se moderer. Delà vient que les Rois en paix & en guerre, ont toûjours des peines & des plaisirs qui font venir la vieillesse avant l'âge où elle doit venir naturellement. Une vie sobre & moderée, simple & exempte d'inquiétudes & de passions, reglée & laborieuse, retient dans les membres d'un homme sage, la vive jeunesse, qui sans ces précautions est toûjours prête à s'envoler sur les aîles du temps.

Idomenée charmé du discours de Mentor l'eût écouté long-temps, si on ne fut venir l'avertir pour un sacrifice qu'il devoit faire à Jupiter. Telemaque & Mentor le suivirent environnez d'une grande foule de peuple qui considéroit avec empressement & curiosité ces deux Etrangers; ils se disoient les uns aux autres : Ces deux hommes sont bien differens, le jeune a je ne sçai quoi de vif & d'aimable, toutes les graces de la beauté & de la jeunesse, sont répanduës sur son visage & sur son corps ; mais cette beauté n'a rien de mou ny d'effeminé, avec cette fleur si tendre de la jeunesse; il paroît vigoureux, robuste, endurci au travail. Mais cét autre, quoique, bien plus âgé, n'a encore rien perdu de sa force : sa mine paroît d'abord moins haute, & son visage moins gracieux; mais quand on le regarde de prés, on trouve dans sa simplicité des marques de sagesse & de vertu avec une Noblesse qui étonne. Quand les Dieux sont décendus sur la terre pour se communiquer aux Mortels, sans doute qu'ils ont pris de telles figures d'Etrangers & de Voyageurs.

Cependant on arrive dans le Temple de Jupiter qu'Idomenée, du sang de ce Dieu, avoit orné avec beaucoup de magnificence; il étoit environné d'un double rang de colonnes de marbre jaspé, les chapiteaux étoient d'argent, le Temple étoit tout incrusté de marbre avec des bas reliefs qui representoient Jupiter changé en Taureau, le ravissement d'Europe, & son passage en Crete au travers des flots. On voyoit ensuite la naissance & la jeunesse de Minos : Enfin ce sage Roy donnant dans un âge plus avancé des loix à toute son Isle pour la rendre à jamais florissante. Telemaque y remarqua aussi les principales avantures du siége de Troye, où Idomenée avoit acquis la gloire d'un grand Capitaine. Parmi ces representations de combats, il chercha son pere, il le reconnut prenant les chevaux de Rhesus que Diomede venoit de tuër, en suite disputant avec Ajax les armes d'Achilles devant tous les Chefs de l'Armée Grecque assemblez ; enfin sortant du cheval fatal pour verser le sang de tant de Troyens, Telemaque le reconnut d'abord à ces fameuses actions, dont il avoit souvent oüi parler, & que Mentor même lui avoit racontées ; les larmes coulerent de ses yeux, il changea de couleur, son visage parut troublé, Idomenée l'aperçût, quoyque Telemaque se détournât pour cacher son trouble. N'ayez point de honte, lui dit Idomenée, de nous laisser voir combien vous êtes touché de la gloire & des malheurs de vôtre pere.

Cependant le peuple s'assembloit en foule sous ces vastes portiques formez par le double rang de colonnes qui environnoient le Temple. Il y avoit deux troupes de jeunes garçons & de jeunes filles qui chantoient des vers à la loüange du Dieu, qui tient dans les mains la foudre : ces enfans choisis de la figure la plus agréable, avoient de longs cheveux flotans sur leurs épaules, leurs têtes couronnées de roses & de parfums ; ils étoient tous vêtus de blanc. Idomenée faisoit à Jupiter un sacrifice de cent Taureaux pour se le rendre favorable dans une guerre qu'il avoit entreprise contre ses voisins. Le sang des victimes fumoit de tous côtez : on le voyoit ruisseler dans les profondes coupes d'or & d'argent.

Le Vieillard Théophane ami des Dieux & Prêtre du Temple, tenoit pendant le sacrifice sa tête couverte d'un bout de sa robe de pourpre; ensuite il consulta les entrailles des victimes, qui palpitoient encore; puis s'étant mis sur le Trepied sacré: O Dieux! s'écriat'il, quels sont donc ces deux Etrangers que le Ciel envoye en ces lieux? Sans eux la guerre entreprise nous seroit funeste, & Salente tomberoit en ruïne avant que d'achever d'être élevée sur ces fondemens. Je vois un jeune Heros que la sagesse méne par la main; il n'est pas permis à une bouche mortelle d'en dire davantage. En disant ces paroles son regard étoit farouche, & ses yeux étincelans; il sembloit voir d'autres objets que ceux qui paroissoient devant lui, son visage étoit enflâmé, il étoit troublé & hors de lui-même, ses cheveux étoient herissez, sa bouche écumante, ses bras levez & immobiles; sa voix émûë étoit plus forte qu'aucune voix humaine, il étoit hors d'haleine, & ne pouvoit tenir renfermé au dedans de lui l'esprit divin qui l'agitoit : O heureux Idomenée! s'écria-t'il encore, que vois-je! Quels malheurs évitez! Quels douce paix au dedans, mais au-dehors quels combats! Quelles victoires! O Telemaque tes travaux surpassent ceux de ton pere. le fier ennemi gémit dans la poussiere sous ton glaive, les portes d'airain, les inaccessibles remparts tombent à

tes

tes pieds ? O grande Déeſſe, que ſon pere....
O jeune homme ! tu reverras enfin ..... A
ces mots la parole meurt dans ſa bouche, &
il demeure malgré lui dans un ſilence plein
d'étonnement. Tout le peuple eſt glacé de
crainte, Idomenée tremblant n'oſe lui demander qu'il acheve. Telemaque même ſurpris, comprend à peine ce qu'il vient d'entendre, à peine peut-il croire qu'il ait entendu
ces hautes prédictions.

Mentor eſt le ſeul que l'eſprit divin n'a pas
étonné : Vous entendez, dit-il à Idomenée,
le deſſein des Dieux contre quelque Nation
que vous avez à combattre ; la victoire ſera
dans vos mains, & vous devrez au jeune fils
de vôtre ami, le bonheur de vos armes ; n'en
ſoyez point jaloux, profitez ſeulement de ce
que les Dieux vous donnent par lui.

Idomenée n'étant pas encore revenu de
ſon étonnement, cherchoit en vain des paroles, ſa langue demeuroit immobile. Telemaque plus prompt dit à Mentor : Tant
de gloire promiſe ne me touche point ; mais
que peuvent donc ſignifier ces dernieres paroles : Tu reverras ? Eſt-ce mon pere, ou
ſeulement Itaque ? Helas ! que n'a-t'il achevé ! il m'a laiſſé plus en doute que je n'étois. O Ulyſſe ! ô mon pere ! ſeroit-ce vousmême que je dois revoir ? Seroit-il vray ?
Mais je me flâte, cruel Oracle, tu prens plaiſir à te joüer d'un malheureux, encore une

parole, & j'étois au comble du bonheur.

Mentor lui dit: Respectez ce que les Dieux découvrent, & n'entreprenez pas de découvrir ce qu'ils veulent cacher, une curiosité téméraire merite d'être confonduë; c'est par une sagesse pleine de bonté que les Dieux cachent aux foibles hommes leur destinée dans une nuit impénétrable; il est utile de prévoir ce qui dépend de nous pour le bien faire; mais il n'est pas moins utile d'ignorer ce qui ne dépend pas de nos soins, & ce que les Dieux veulent faire de nous. Telemaque touché de ses paroles, se retint avec beaucoup de peine. Idomenée qui étoit revenu de son étonnement, commença de son côté à loüer le grand Jupiter qui lui avoit envoyé le jeune Telemaque & le sage Mentor, pour le rendre victorieux à ses ennemis. Aprés qu'on eut fait un magnifique repas, qui suivit le sacrifice, il parla ainsi aux deux Étrangers.

J'avouë que je ne connoissois point assez l'art de regner quand je revins de Crete aprés le siege de Troye; vous sçavez, chers amis, les malheurs qui m'ont privé de regner dans cette grande Isle, puisque vous m'assurez que vous y avez été depuis que j'en suis party, encore trop heureux si les coups les plus cruels de la fortune ont servi à m'instruire & à me rendre plus moderé. Je traversay les mers comme un fugitif que la vengeance des Dieux & des hommes pourſuit : toute ma grandeur paſſée ne ſervoit qu'à me rendre ma chûte plus honteuſe & plus inſupportable ; je vis refugier mes Dieux Penates ſur cette Côte deſerte, où je ne trouvay que des terres incultes couvertes de ronces & d'épines, des forêts auſſi anciennes que la terre, des rochers preſque innacceſſibles où ſe retiroient les bêtes farouches, je fus réduit à me réjoüir de poſſeder, avec un petit nombre de ſoldats & de compagnons qui avoient bien voulu me ſuivre dans mes malheurs, cette terre ſauvage, & d'en faire ma patrie, ne pouvant plus eſperer de revoir jamais cette Iſle fortunée, où les Dieux m'avoient fait naître pour y regner. Helas ! diſois-je en moi-même, quel changement ? Quel exemple terrible ne ſuis-je point pour les Rois ? Il faudroit me montrer à tous ceux qui régnent dans le monde, pour les inſtruire par mon exemple : ils s'imaginent n'avoir rien à craindre à cauſe de leur élevation au-deſſus du reſte des hommes. Eh ! c'eſt leur élevation même qui fait qu'ils ont tout à craindre. J'étois craint de mes ennemis, aimé de mes Sujets, je commandois à une Nation puiſſante & belliqueuſe, la renommée avoit porté mon nom dans les Païs les plus éloignez : je regnois dans une Iſle fertile & délicieuſe : cent Villes me donnoient chaque année un tribut de leurs richeſſes, les peuples me reconnoiſſoient pour être du ſang de Jupiter né dans leur Païs, ils m'aimoient comme le petit fils du sage Minos, dont les Loix les rendent si puissans & si heureux. Que manquoit-il à mon bonheur, sinon d'en sçavoir joüir avec moderation ? Mais mon orgueil & la flâterie que j'ai écoutée, ont renversé mon Trône : Ainsi tomberont tous les Rois qui se livreront à leurs desirs & aux conseils des esprits flâteurs. Pendant le jour je tâchois de montrer un visage gay & plein d'esperance pour soûtenir le courage de ceux qui m'avoient suivi. Faisons, leur disois-je, une nouvelle Ville, qui nous console de tout ce que nous avons perdu : nous sommes environnez de peuples qui nous ont donné un bel exemple pour cette entreprise ; nous voyons Tarente qui s'éleve assez prés de nous, c'est Phalante avec ses Lacedemoniens, qui a fondé ce nouveau Royaume. Philoctete donne le nom de Petilie à une grande Ville qu'il bâtit sur la même Côte. Metaponte est encore une semblable Colonie, ferons-nous moins que tous ces Etrangers errans comme nous ? La fortune ne nous est pas plus rigoureuse. Pendant que je tâchois d'adoucir par ces paroles les peines de mes compagnons, je cachois au fond de mon cœur une douleur mortelle : c'étoit une consolation pour moi que la lumiere du jour me quittât, & que la nuit vint m'enveloper de ses ombres pour déplorer en liberté ma miserable destinée. Deux torrens de larmes ameres couloient de mes yeux,

& le doux sommeil m'étoit inconnu ; le lendemain je recommençois mes travaux avec une nouvelle ardeur. Voila, Mentor, ce qui fait que vous m'avez trouvé si vieilli.

Après qu'Idomenée eut achevé de raconter ses peines, il demanda à Telemaque & à Mentor leur secours dans la guerre où il se trouvoit engagé. Je vous renvoyerai, disoit-il, à Itaque dés que la guerre sera finie : cependant j'envoyerai des Vaisseaux dans toutes les Côtes les plus éloignées pour apprendre des nouvelles d'Ulysse. En quelque endroit des terres connuës que la tempête ou la colere de quelque Divinité l'ait jetté, je sçauray bien l'en retirer. Plaise aux Dieux qu'il soit encore vivant. Pour vous je vous renvoyeray avec les meilleurs Vaisseaux qui ont été construits dans l'Isle de Crete ; ils sont faits du bois coupé sur le véritable Mont Ida, où Jupiter nâquit. Ce bois sacré ne sçauroit périr dans les flots, les vents & les rochers le craignent & le respectent. Neptune même dans son plus grand couroux n'oseroit soûlever les vagues contre lui. Assurez-vous donc que vous retournerez heureusement à Itaque sans peine, & qu'aucune Divinité ennemie ne pourra plus vous faire errer sur tant de mers : le trajet est court & facile ; renvoyez le Vaisseau Phenicien qui vous a portez jusques ici, & ne songez qu'à acquerir la gloire d'établir le nouveau Royaume d'Idomenée pour réparer tous ses mal-

V iij

heurs ? C'est à ce prix, ô fils d'Ulysse ! que vous serez jugé digne de vôtre pere : quand même les destinées rigoureuses l'auroient déja fait décendre dans le sombre Royaume de Pluton, toute la Grece charmée croira le revoir en vous.

A ces mots, Telemaque interrompit Idomenée : Renvoyons, dit-il, ce Vaisseau Phenicien. Que tardons-nous à prendre les armes pour attaquer nos ennemis, car ils sont devenus les nôtres. Si nous avons été victorieux en combatant dans la Sicile pour Aceste Troyen & ennemi de la Grece, faut-il douter que nous ne soyons encore plus ardens & plus favorisez des Dieux, quand nous combatrons pour un des Heros Grecs qui ont renversé l'impie Ville de Priam.

Mentor regardant d'un œil doux & tranquille Telemaque qui étoit déja plein d'une noble ardeur pour les combats, prit ainsi la parole. Je suis bien-aise, ô fils d'Ulysse ! de voir en vous une si belle passion pour la gloire ; mais souvenez-vous que vôtre pere n'en a acquise une si grande parmy les Grecs au siege de Troye, qu'en se montrant le plus sage & le plus moderé d'entr'eux. Achilles, quoy qu'invincible & invulnerable, quoy qu'il portât la terreur & la mort par tout où il combatoit, n'a pû rendre la ville de Troye ; il est tombé luy-même aux pieds des murs de cette Ville, & elle a triomphé du meurtrier d'Hector ; mais Ulyſſe en qui la prudence conduiſoit la valeur, a porté la flâme & le fer au milieu des Troyens, & c'eſt à ſes mains qu'on doit la chûte de ces hautes & ſuperbes Tours qui menacerent pendant dix ans toute la Grece conjurée. Autant que Minerve eſt au-deſſus de Mars, autant une valeur diſcrete & prevoyante ſurpaſſe-t'elle un courage boüillant & farouche. Commençons donc par nous inſtruire des circonſtances de cette guerre qu'il faut ſoûtenir : je ne refuſe aucun peril, mais je crois, Idomenée, que vous devez nous expliquer premierement ſi vôtre guerre eſt juſte ; enſuite contre qui vous la faites, & enfin quelles ſont vos forces pour en eſperer un heureux ſuccés.

Idomenée luy répondit : Quand nous arrivâmes ſur cette Côte, nous y trouvâmes un peuple ſauvage, qui vivoit dans les forêts de la chaſſe & des fruits que les arbres portent d'eux-mêmes ; ils furent épouventez voyant nos Vaiſſeaux & nos armes, ils ſe retirerent dans les montagnes ; mais comme les ſoldats furent curieux de voir le païs, & voulurent pourſuivre des cerfs, ils rencontrerent ces ſauvages fugitifs. Alors les Chefs de ces Sauvages leur dirent : Nous avons abandonné les doux rivages de la mer pour vous les ceder, il ne nous reſte que des montagnes preſque inacceſſibles, du moins eſt-il juſte que vous nous y laiſſiez en paix & en liberté, nous vous trouvons errans, dispersez & plus foibles que nous : il ne tiendroit qu'à nous de vous égorger, & d'ôter même à vos compagnons la connoissance de vôtre malheur : Mais nous ne voulons point tremper nos mains dans le sang de ceux qui sont hommes aussi-bien que nous. Allez & souvenez-vous que vous devez la vie à nos sentimens d'humanité ? N'oubliez jamais que c'est d'un peuple que vous nommez grossier & sauvage, que vous recevez cette leçon de moderation & de generosité.

Ceux d'entre les nôtres qui furent ainsi renvoyez par ces Barbares, revinrent dans le camp, & raconterent ce qui leur étoit arrivé : nos soldats en furent émûs, ils eurent honte de voir que des Cretois dûssent la vie à cette troupe d'hommes; ils s'en allerent à la chasse en plus grand nombre que les premiers, & avec toutes sortes d'armes ; bien-tôt ils rencontrerent les Sauvages, & les attaquerent; le combat fut cruel, les traits voloient de part & d'autre comme la grêle tombe dans une campagne pendant un orage. Les Sauvages furent contraints de se retirer dans leurs montagnes escarpées, où les nôtres n'oserent s'engager. Peu de tems aprés ces peuples envoyerent vers moy deux de leurs plus sages Vieillards qui venoient me demander la paix ; ils m'apporterent des presens, c'étoit des peaux de bêtes farouches qu'ils avoient tuées, & des fruits du Païs. Aprés m'avoir donné leurs presens, ils parlerent ainsi.

O Roy ! Nous tenons, comme tu vois, dans une main l'épée, & dans l'autre une branche d'olivier ! (En effet ils tenoient l'un & l'autre dans leurs mains.) Voila la paix & la guerre, choisis, nous aimerions mieux la paix, c'est pour l'amour d'elle que nous n'avons point eu honte de te ceder le doux rivage de la mer, où le Soleil rend la terre fertile, & produit tant de fruits délicieux. La paix est plus douce que tous ces fruits, c'est pour elle que nous nous sommes retirez dans ces hautes montagnes toûjours couvertes de glace & de neige, nous avons horreur de cette brutalité, qui sous les beaux noms d'ambition & de gloire, va folement ravager les Provinces, & répand le sang des hommes qui sont tous freres. Si cette fausse gloire te touche, nous n'avons garde de te l'envier, nous te plaignons, & nous prions les Dieux de nous préserver d'une fureur semblable. Si les sciences que les Grecs aprennent avec tant de soin, & si la politesse dont ils se piquent, ne leur inspirent que cette détestable injustice, nous nous croyons trop heureux de n'avoir point ces avantages ; nous ferons gloire d'être toûjours barbares, mais justes, humains, fidéles, & desinteressez, accoûtumez à nous contenter de peu, & à mépriser la vaine délicatesse qui fait qu'on a besoin d'avoir beaucoup ; ce que nous estimons, c'est la santé, la frugalité, la liberté, la vigueur du corps & d'esprit ; c'est l'amour de la vertu, la crainte des Dieux, le bon naturel pour ses proches, l'attachement à ses amis, la fidelité pour tout le monde, la moderation dans la prosperité, la fermeté dans les malheurs, le courage pour dire toûjours hardiment la verité, l'horreur de la flâterie. Voila quels sont les peuples que nous t'offrons pour voisins & pour alliez : si les Dieux irritez t'aveuglent jusqu'à te faire refuser la paix, tu apprendras, mais trop tard, que les gens qui aiment par moderation la paix, sont les plus redoutables dans la guerre.

Pendant que ces Vieillards me parloient ainsi, je ne pouvois me lasser de les regarder, ils avoient la barbe longue & negligée, les cheveux plus courts, mais blancs, les sourcils épais, les yeux vifs, un regard & une contenance ferme, une parole grave & pleine d'autorité, des manieres simples & ingenuës, les fourures qui leur servoient d'habits étoient noüées sur l'épaule, & laissoient voir des bras plus nerveux & des muscles mieux nourris que ceux de nos Atlettes. Je réponds à ces deux Envoyez, que je desirois la paix; nous réglâmes ensemble de bonne foy plusieurs conditions; nous prîmes tous les Dieux à témoins, & je renvoyay ces hommes chez eux avec des presens.

Mais les Dieux qui m'avoient chassé du Royaume de mes Ancêtres, n'étoient pas encore lassez de me persecuter : nos chasseurs qui ne n'voient pas être si-tôt avertis de la paix que nous venions de faire, rencontrerent le même jour une grande troupe de ces Barbares qui accompagnoient leurs Envoyez ; comme ils revenoient de nôtre camp, ils les attaquerent avec fureur, en tuérent une partie, & poursuivirent le reste dans le bois. Voila la guerre ralumée. Ces Barbares croyent qu'ils ne peuvent plus se fier ni à nos promesses ni à nos sermens. Pour être plus puissans contre nous, ils apellent à leurs secours les Locriens, les Appuliens, les Lucaniens, les Bruttiens, les peuples de Crotone, de Nerite, & de Brindes ; les Lucaniens viennent avec des chariots armez de faux tranchantes. Parmi les Appulliens, chacun est couvert de quelque peau de bête farouche qu'il a tuée ; ils portent des massuës pleines de gros nœuds, & garnies de pointes de fer, ils sont presque de la taille des Geants, & leurs corps se rendent si robustes par les exercices penibles ausquels ils s'adonnent, que leur seule vûë épouvente. Les Locriens venus de la Grece, sentent encore leur origine, & sont plus humains que les autres ; mais ils sont joints à l'exacte discipline des troupes Gréques, la vigueur des Barbares, & l'habitude de mener une vie dure, ce qui les rend invincibles ; ils portent des boucliers legers qui sont faits d'un tissu d'ozier, & couverts de peaux ; leurs épées sont longues. Les Bruttiens sont legers à la course comme les

Cerfs & comme les Dains : on croiroit que l'herbe même la plus tendre n'est point foulée sous leurs pieds, à peine laissent-ils dans le sable quelque trace de leurs pas : on les voit tout-à-coup fondre sur leurs ennemis, & puis disparoître avec une égale rapidité. Les peuples de Crotone sont adroits à tirer des flêches, un homme ordinaire parmi les Grecs ne pourroit bander un arc tel qu'on en voit communément chez les Crotoniates, & si jamais ils s'appliquent à nos yeux, ils remporteront le prix ; leurs flêches sont trempées dans le suc de certaines herbes venimeuses, qui viennent, dit-on, des bords de l'Averne, & dont le poison est mortel. Pour ceux de Nerite & de Brindes, ils n'ont en partage que la force du corps, & une valeur sans art ; les cris qu'ils poussent jusqu'au Ciel à la vûë de leurs ennemis, sont affreux ; ils se servent assez bien de la fronde, & ils obscurcissent l'air par une grêle de pierres, mais ils combatent sans ordre. Voilà, Mentor, ce que vous desirez de sçavoir, vous connoissez maintenant l'origine de cette guerre, & quels sont vos ennemis.

Aprés cét éclaircissement, Telemaque impatient de combatre, croyoit n'avoir plus qu'à prendre les armes. Mentor le retint encore, & parla ainsi à Idomenée : D'où vient donc que les Locriens mêmes, peuples sortis de la Grece, s'unissent aux Barbares conre les Grecs ? D'où vient que tant de Colonies Gréques fleurissent sur cette Côte de la mer, sans avoir les mêmes guerres à soûtenir que vous ? Ah ! Idomenée, vous dites que les Dieux ne sont pas encore las de vous persecuter ! Et moi je dis qu'ils n'ont pas encore achevé de vous instruire. Tant de malheurs que vous avez soufferts, ne vous ont pas encore appris ce qu'il faut faire pour prévenir la guerre ; ce que vous racontez vous-même de la bonne foi de ces Barbares, suffit pour montrer que vous auriez pû vivre en paix avec eux ; mais la hauteur & la fierté attirent les guerres les plus dangereuses, vous auriez pû leur donner des ôtages & en prendre d'eux ; il eût été facile d'envoyer avec leurs Ambassadeurs quelques-uns de vos Chefs pour les reconduire avec sûreté. Depuis cette guerre renouvellée, vous auriez dû encore les appaiser ; en leur representant qu'on les avoit attaquez faute de sçavoir l'alliance qui venoit d'être jurée. Il faloit leur offrir toutes les sûretez qu'ils auroient demandées, & établir des peines rigoureuses contre ceux de vos sujets, qui auroient manqué à l'alliance ; mais qu'est-il arrivé depuis ce commencement de guerre ?

Je crûs, répondit Idomenée, que nous n'aurions pû sans bassesse rechercher ces Barbares, qui assemblerent à la hâte tous leurs hommes en âge de combatre, & qui implorerent le secours de tous les peuples voisins, ausquels ils nous rendirent suspects & odieux. Il me parut que le parti le plus assuré étoit de s'emparer promptement de certains passages dans les montagnes qui étoient mal gardées, nous les prîmes sans peine, & par-là nous nous sommes mis en état de désoler ces Barbares. J'y ay fait élever des Tours, d'où nos Troupes peuvent accabler de traits tous les ennemis qui viendroient des montagnes dans nôtre Pays, nous pouvons entrer dans le leur & ravager quand ils nous plaira leur principales habitations ; par ce moyen nous sommes en état de resister avec des forces inégales à cette multitude innombrables d'ennemis qui nous environnent. Au reste, la paix entr'eux & nous est devenuë trés-difficile ; nous ne sçaurions leur abandonner ces Tours sans nous exposer à leurs incursions, & ils les regardent comme des Citadelles, dont nous voulons nous servir pour les réduire en servitude.

Mentor répondit ainsi à Idomenée : Vous êtes un sage Roi, & vous voulez qu'on vous découvre la verité sans aucun adoucissement ; vous n'êtes point comme ces hommes foibles qui craignent de la voir, & qui manquant de courage pour se corriger, n'employent leur autorité qu'à soûtenir les fautes qu'ils ont faites ; sçachez donc que ce peuple barbare vous a donné une merveilleuse leçon, quand il est venu à vous demander la paix ?

Etoit-ce par foiblesse qu'il la demandoit ? manquoit-il de courage ou de ressources contre vous ? Vous voyez que non, puisqu'il est si aguerri & soûtenu par tant de voisins redoutables. Que n'imitiez-vous sa moderation ? Mais une mauvaise honte & une fausse gloire, vous ont jetté dans ce malheur, vous avez craint de rendre l'ennemi trop fier, & vous n'avez pas craint de le rendre trop puissant, en réünissant tant de peuples contre vous par une conduite hautaine & injuste. A quoy servent ces Tours que vous vantez tant, sinon à mettre tous vos voisins dans la necessité de perir, ou de vous faire perir vous-mêmes pour se preserver d'une servitude prochaine. Vous n'avez élevé ces Tours que pour vôtre sûreté, & c'est par ces Tours que vous êtes dans un si grand peril. Le rempart le plus sûr d'un Etat, est la justice, la moderation, la bonne foi & l'assûrance où sont nos voisins, que vous êtes incapable d'usurper leurs terres. Les plus fortes murailles peuvent tomber par divers accidens imprévûs. La fortune est capricieuse & inconstante dans la Guerre, mais l'amour & la confiance de vos voisins qui ont senti vôtre moderation, font qu'un Etat ne peut être vaincu, & n'est presque jamais attaqué. Quand même un voisin injuste l'attaqueroit, tous les autres interessez à sa conservation, prennent aussi-tôt les armes pour le défendre : cét appui de tant de peuples qui trouvent leurs véritables interêts à soûtenir les vôtres, vous auroit rendu bien plus puissant que ces Tours qui rendent vos maux irrémediables. Si vous aviez songé d'abord à éviter la jalousie de tous vos voisins, vôtre Ville naissante fleuriroit dans une heureuse paix, & vous seriez l'arbitre de toutes les Nations de l'Hesperie.

Retranchons-nous maintenant à examiner comment on peut par l'avenir réparer le passé, vous avez commencé à me dire qu'il y a sur cette Côte diverses Colonies Grecques ; ces peuples doivent être disposez à vous secourir ; ils n'ont oublié, ny le grand nom de Minos fils de Jupiter, ni vos travaux au siége de Troye, où vous vous êtes signalé tant de fois entre ces Princes Grecs, pour la querelle commune de toute la Grece, pourquoi ne songez-vous pas à mettre ces Colonies dans vôtre parti ?

Elles sont toutes, répondit Idomenée, resoluës à demeurer neutres, ce n'est pas qu'elles n'eussent quelque inclination à me secourir ; mais le trop grand éclat que cette Ville a eû dés sa naissance, les a épouventez ; les Grecs aussi-bien que les autres ont craint que nous n'eussions des desseins sur leur liberté. Ils ont pensé qu'aprés avoir subjugué les Barbares des montagnes, nous pousserions plus loin nôtre ambition. En un mot, tout est contre nous, ceux-mêmes qui ne nous font

pas une guerre ouverte, desirent nôtre abaisse-
ment, & la jalousie ne nous laisse aucun allié.

Etrange extrêmité, reprit Mentor! Pour
vouloir paroître trop puissant, vous ruïnez
vôtre puissance, & pendant que vous êtes
au dehors l'objet de la crainte & de la haine
de vos voisins, vous vous épuisez au dedans
par les efforts necessaires pour soûtenir une telle guerre. O malheureux, & doublement malheureux Idomenée, que le malheur même
n'a pû instruire qu'à demi! Aurez-vous encore besoin d'une seconde chûte pour apprén-
dre à prévoir les maux qui menaçent les plus
grands Rois ; laissez-moy faire, & racon-
tez-moi seulement en détail quelles sont donc
ces Villes Grecques qui refusent vôtre alliance ?

La principale, lui répondit Idomenée, est
la ville de Tarente, Phalantus l'a fondée depuis trois ans : il ramassa en Laconie un nombre de jeunes hommes nez des femmes qui
avoient oublié leurs maris absens pendant la
guerre de Troye : quand les maris revinrent,
les femmes ne songerent qu'à les appaiser, &
qu'à desavoüer leurs fautes : cette jeunesse
nombreuse, qui étoit née hors du mariage,
ne connoissant plus ni pere ni mere, vêcut
avec une licence sans bornes. La severité des
loix réprima leurs desordres, ils se réünirent
sous Phalantus, Chef hardi, intrépide, ambitieux, & qui sçait gagner les cœurs par ses

artifices; il est venu sur ce rivage avec les jeunes Laconiens, ils ont fait de Tarente une seconde Lacedemone. D'un autre côté Philoctete qui a eû une si grande gloire au siége de Troye, en y portant les fléches d'Hercules, a élevé dans ce voisinage les murs de Petilie, moins puissante à la verité, mais plus sagement gouvernée que Tarente. Enfin nous avons icy prés la Ville de Metaponte, que le sage Nestor a fondée avec ses Pyliens.

Quoy, reprit Mentor, vous avez Nestor dans l'Hesperie, & vous n'avez pas sçû l'engager dans vos interêts ? Nestor qui vous a vû tant de fois combatre contre les Troyens, & dont vous aviez l'amitié : Je l'ai perduë, repliqua Idomenée, par l'artifice de ces peuples qui n'ont rien de barbare que le nom; ils ont eu l'adresse de lui persuader que je voulois me rendre le Tyran de l'Hesperie. Nous le détromperons, dit Mentor, Telemaque le vit à Pylos avant qu'il fut venu fonder sa Colonie, & avant que nous eussions entrepris nos grands voyages pour chercher Ulysse. Il n'aura pas encore oublié ce Heros, ni les marques de tendresse qu'il donna à son fils Telemaque; mais le principal est de guerir sa défiance. C'est par les ombrages donnez à tous vos voisins, que cette guerre s'est allumée, & c'est en dissipant ces vains ombrages que cette guerre peut s'éteindre. Encore un coup laissez-moy faire.

A ces mots, Idomenée embrassant Mentor, s'atendrissoit, & ne pouvoit parler. Enfin, il prononça à peine ces paroles : O sage Vieillard envoyé par les Dieux pour réparer toutes mes fautes ! j'avouë que je me serois irrité contre tout autre qui m'auroit parlé aussi librement que vous ; j'avouë qu'il n'y a que vous seul qui puissiez m'obliger à rechercher la paix ; j'avois résolu de perir ou de vaincre tous mes ennemis, mais il est juste de croire vos sages conseils plûtôt que ma passion. O heureux Telemaque ! qui ne pourrez jamais vous égarer comme moi, puisque vous avez un tel guide. Mentor, vous êtes le maître, toute la sagesse des Dieux est en vous. Minerve même ne pourroit donner de plus salutaires conseils : Allez, promettez, concluez, donnez tout ce qui est à moi, Idomenée aprouvera tout ce que vous jugerez à propos de faire.

SOMMAIRE
DU HUITIE'ME LIVRE.

LEs Princes alliez contre Idomenée, arrivent avec une Armée nombreuse pour surprendre la Ville. Mentor sort de la Ville seul avec une branche d'olivier. Les Troupes suspendent leur marche, & Mentor parle de Paix. Nestor sort des rangs pour traiter avec lui, & reconnoît Mentor. Nestor se plaint qu'Idomenée a manqué de parole, & en veut avoir raison. Mentor jure pour Idomenée, & promet en ôtage le fils d'Ulysse. A ce nom, Nestor s'attendrit. Telemaque sort de la Ville, & se montre à Nestor, qui le reconnoît. La Paix se conclut, & on la proclame à la tête des Armées. Aprés cette Guerre, Nestor raconte à Mentor le sujet d'une Guerre juste que les Princes alliez ont à entreprendre contre Adraste Roy des Dauniens, & demande à Idomenée qu'il se joigne aux autres Rois de l'Hesperie. Mentor & Idomenée conviennent que Telemaque ira à l'Armée à la place d'Idomenée. Mais avant de partir, Mentor lui donne les instructions necessaires à un Prince pour se conduire à la Guerre.

LES AVANTURES DE TELEMAQUE FILS D'ULYSSE.

LIVRE HUITIE'ME.

PENDANT qu'ils s'entretenoient ainsi, on entendit tout-à-coup un bruit confus de chariots, de chevaux henniſſans, d'hommes qui pouſſoient des hurlemens épouventables, & de trompettes qui rempliſſoient l'air d'un ſon belliqueux. On s'écrie : Voila les ennemis qui ont fait un grand détour pour éviter les paſſages gardez ; les voila qui viennent aſſieger Salente : les Vieillards & les femmes paroiſſoient conſternez. Helas ! diſoient-ils, faloit-il quitter nôtre chere patrie : la fertile Crete, & ſuivre un Roy malheureux au travers de tant de mers pour fonder une Ville qui ſera miſe en cendres comme Troye ! On voyoit de deſſus les murailles nouvellement bâties dans la vaſte campagne, briller au Soleil les caſques & les boucliers des ennemis, les yeux en étoient éblouïs : on voyoit aussi les piques herissées qui couvroient la terre, comme elle est couverte par une abondante moisson ; déja on remarquoit les chariots armez de faux tranchantes, on distinguoit facilement chaque peuple venu à cette guerre. Mentor monta sur une haute Tour pour les mieux découvrir. Idomenée & Telemaque le suivirent de prés, à peine y fut-il arrivé qu'il apperçût d'un côté Philotecte, & de l'autre Nestor avec Pisistrate son fils. Nestor étoit facile à reconnoître à sa vieillesse venerable. Quoy donc ! s'écria Mentor, vous avez crû, ô Idomenée ! que Philoctete & Nestor se contentoient de ne vous point secourir, & les voila qui ont pris les armes contre vous, & si je ne me trompe, ces autres troupes qui marchent en si bon ordre avec tant de lenteur, sont des troupes Lacedemoniennes commandées par Phalantus : tout est contre vous, il n'y a aucun voisin de cette Côte dont vous n'ayez fait un ennemi sans vouloir le faire.

En disant ces paroles, Mentor décend à la hâte de cette Tour ; il s'avance vers une porte de la Ville du côté où les ennemis s'avançoient ; il la fait ouvrir, & Idomenée surpris de la majesté avec laquelle il fait toutes ces choses, n'ose pas même lui demander quel est son dessein. Mentor fait signe de la main, afin que personne ne songe à le suivre. Il va au-devant des ennemis, étonnez de voir un seul homme se presenter à eux ; il leur montre de loin une branche d'Olivier en signe de paix, & quand il fut à portée de se faire entendre, il leur commanda d'assembler tous les Chefs, & il parla ainsi.

O hommes genereux assemblez de tant de Nations qui fleurissent dans la riche Hesperie, je sçay que vous n'êtes venus icy que pour l'interêt commun de la liberté, je loüe vôtre zéle ; mais souffrez que je vous represente un moyen facile de conserver la liberté & la gloire de tous vos peuples, sans répandre le sang humain. O Nestor ! sage Nestor que j'apperçois dans cette assemblée, vous n'ignorez pas combien la guerre est funeste à ceux-même qui l'entreprennent avec justice, & sous la protection des Dieux. La guerre est le plus grand des maux dont les Dieux affligent les hommes, vous n'oublierez jamais ce que les Grecs ont souffert pendant dix ans devant la malheureuse Troye ; quelles divisions entre les Chefs ! quels caprices de la fortune ! quels carnages des Grecs par la main d'Hector ! quels malheurs dans toutes les Villes les plus puissantes, causez par la guerre, pendant la longue abscence de leurs Rois ! Au retour les uns ont fait le naufrage, les autres ont trouvé une mort funeste dans le sein même de leurs épouses. O Dieu c'est dans vôtre colere que vous armâtes les Grecs pour cette glorieuse expedition ! O peuples Hesperiens !

je prie les Dieux de ne nous donner jamais une victoire si funeste. Troye est en cendres, il est vrai, mais il vaudroit mieux pour les Grecs qu'elle fut encore dans toute sa gloire, & que le lâche Paris joüit encore en paix de ses infâmes amours avec Heleine. Philotecte si long-tems malheureux, & abandonné dans l'Isle de Lemnos, ne craignez-vous point de retrouver de semblables malheurs dans une semblable guerre! Je sçai que les peuples de Laconie ont senti aussi les troubles causez par la longue abscence des Princes, des Capitaines, & des Soldats qui allerent contre les Troyens. O Grecs! qui avez passé dans l'Hesperie, vous n'y avez tous passé que par une suite de malheurs que causa la guerre de Troye.

Aprés avoir parlé ainsi, Mentor s'avança vers les Pyliens, & Nestor qui l'avoit reconnu, s'avança aussi pour le saluër. O! Mentor, luy dit-il, il y a bien des années que je vous vis pour la premiere fois dans la Phocide: vous n'aviez que quinze ans, & je prévis dés-lors que vous feriez aussi sage que vous l'avez été dans la suite. Par quelle avanture avez-vous été conduit en ces lieux? mais quels sont donc les moyens que vous avez de finir cette guerre? Idomenée nous a contraint de l'attaquer: nous ne demandons que la paix, chacun de nous avoit un interêt pressant de la desirer, mais nous ne pouvions plus trouver de sûreté avec lui, il a violé toutes ses promesses à l'égard de ses plus proches voisins ; il a montré à tous les autres son dessein ambitieux de les mettre dans l'esclavage, & il ne nous a laissé aucun moyen de défendre nôtre liberté, qu'en tâchant de renverser son nouveau Royaume. Si vous trouvez quelque expedient pour faire en sorte qu'on puisse se confier en luy, & s'assurer d'une bonne paix, tous les peuples que vous voyez ici, quitteront volontiers les armes, & nous avoüerons avec joye que vous nous surpassez en sagesse.

Mentor lui répondit : Sage Nestor, vous sçavez qu'Ulysse m'avoit confié son fils Telemaque : ce jeune homme impatient de découvrir la destinée de son pere, passa chez vous à Pylos, & vous le reçûtes avec tous les soins qu'il pouvoit attendre d'un fidéle ami de son pere ; vous lui donnâtes vôtre fils pour le conduire : il entreprit ensuite de longs voyages sur la mer, il a vû la Sicile, l'Egypte, l'Isle de Chipre, celle de Crete ; les vents, ou plûtôt les Dieux, l'ont jetté sur cette Côte comme il vouloit retourner à Itaque : nous sommes arrivez ici tout à propos, pour vous épargner l'horreur d'une cruelle guerre. Ce n'est plus Idomenée, c'est le fils du sage Ulysse, c'est moi qui vous répond de toutes les choses qui seront promises.

Pendant que Mentor parloit ainsi avec Nestor au milieu des Troupes confederées,

Idomenée & Telemaque avec tous les Cretois armez, les regardoient du haut des murs de Salente, ils étoient attentifs pour remarquer comment les discours de Mentor seroient reçûs, & ils auroient voulu pouvoir entendre les sages entretiens de ces deux Vieillards.

Nestor avoit toûjours passé pour le plus experimenté & le plus éloquent de tous les Rois de la Grece ; c'étoit lui qui moderoit pendant le Siége de Troye le boüillant couroux d'Achilles, l'orgueil d'Agamemnon, la fierté d'Ajax, & le courage impetueux de Diomede : la douce persuasion couloit de ses lévres comme un ruisseau de lait ; sa voix seule se faisoit entendre à tous ces Heros ; tous se taisoient dés qu'il ouvroit la bouche, il n'y avoit que lui qui pouvoit appaiser dans le camp la farouche discorde, il commençoit à sentir les injures de la froide vieillesse : mais ses paroles étoient encore pleines de force & de douceur, il racontoit les choses passées pour instruire la jeunesse par ses experiences, mais il les racontoit avec grace, quoy qu'avec un peu de lenteur.

Ce Vieillard admiré de toute la Grece, sembla avoir perdu toute son éloquence & toute sa majesté, dés que Mentor parut avec lui, sa vieillesse paroissoit flétrie & abatuë auprés de Mentor, en qui les ans sembloient avoir respecté la force & la vigueur du temperament. Les paroles de Mentor, quoyque graves & simples, avoient une vivacité & une autorité qui commençoient à manquer à l'autre ; tout ce qu'il disoit étoit court, précis, nerveux ; jamais il ne faisoit aucune redite, jamais il ne racontoit que le fait necessaire pour l'affaire qu'il faloit décider. S'il étoit obligé de parler plusieurs fois d'une même chose, pour l'inculquer, ou pour parvenir à la persuasion, c'étoit par des tours nouveaux & des comparaisons sensibles ; il avoit même je ne sçai quoi de complaisant & d'enjoüé, quand il vouloit se proportionner aux besoins des autres, & leur insinuër quelque verité. Ces deux hommes si venerables furent un spectacle touchant à tant de peuples assemblez.

Pendant que tous les Alliez ennemis de Salente, se jettoient les uns sur les autres pour les voir de plus prés, & pour tâcher d'entendre leurs sages discours, Idomenée & tous les siens s'efforçoient de découvrir par leurs regards avides & empressez ce que signifioient leurs gestes & l'air de leur visage. Cependant Telemaque impatient, se dérobe à la multitude qui l'environne, il court à la porte par où Mentor étoit sorti, il se la fait ouvrir avec autorité. Bien-tôt Idomenée qui le croyoit à ses côtez, s'étonne de le voir qui court au milieu de la campagne, & qui est déja auprés de Nestor. Nestor le reconnoît & se hâte, mais d'un pas pesant & tardif de l'aller recevoir. Telemaque saute à son cou & le tient serré entre ses bras sans parler. Enfin il s'écrie : O mon pere ! je ne crains pas de vous nommer ainsi. Le malheur de ne trouver point mon véritable pere, & les bontez que vous m'avez fait sentir, me donnent droit de me servir d'un nom si tendre. Mon pere, mon cher pere, je vous revoi, ainsi puissai-je revoir Ulysse. Si quelque chose pouvoit me consoler d'en être privé, ce seroit de trouver en vous un autre lui-même.

Nestor ne pût à ses paroles retenir ses larmes, & il fut touché d'une secrete joye voyant celles qui couloient avec une merveilleuse grace sur les jouës de Telemaque. La beauté, la douceur, & la noble assurance de ce jeune inconnu, qui traversoit sans précaution tant de troupes ennemies, étonna tous les Alliez. N'est-ce pas, disoient-ils, le fils de ce vieillard qui est venu parler à Nestor ? sans doute, c'est la même sagesse dans les caracteres des différens âges ; dans l'un, elle ne fait encore que fleurir, dans l'autre elle porte avec abondance les fruits les plus meurs.

Mentor qui avoit pris plaisir à voir la tendresse avec laquelle Nestor venoit de recevoir Telemaque, profita de cette heureuse disposition. Voila, lui dit-il, le fils d'Ulysse si cher à toute la Grece, & si cher à vous-même, ô sage Nestor ! le voila, je vous le livre comme un ôtage le plus précieux qu'on puisse vous donner des promesses d'Idomenée. Vous jugez bien que je ne voudrois pas que la perte du fils suivit celle du pere, & que la malheureuse Penelope pût reprocher à Mentor qu'il a sacrifié son fils à l'ambition du nouveau Roi de Salente. Avec gage qui est venu de lui-même s'offrir, & que les Dieux amateurs de la paix vous envoyent. Je commence, ô peuples assemblez de tant de Nations, à vous faire des propositions pour établir à jamais une paix solide.

A ce nom de Paix on entend un bruit confus de rang en rang. Toutes ces différentes Nations fremissoient de couroux, croyant perdre tout le temps, où l'on differoit le combat; ils s'imaginoient qu'on ne faisoit ces discours, que pour ralentir leur fureur & pour faire échaper leur proye. Sur tout les Manduciens souffroient impatiemment qu'Idomenée esperoit de les tromper encore une fois. Souvent ils entreprirent d'interrompre Mentor; car ils craignoient que les discours pleins de sagesse, ne relâchassent leurs Alliez : ils commençoient à se défier de tous les Grecs qui étoient dans l'assemblée. Mentor qui l'aperçût, se hâta d'augmenter cette défiance pour jetter la division dans l'esprit de tous ces peuples.

J'avoüe, disoit-il, que les Manduciens ont sujet de se plaindre & de demander réparation des torts qu'ils ont soufferts. Je sçai qu'Idomenée a eû le malheur de donner des ombrages, mais il est aisé de guérir toutes vos défiances. Telemaque & moi nous vous offrons à être des ôtages qui vous répondent de la bonne foi d'Idomenée nous demeurerons entre vos mains jusqu'à ce que les choses qu'on vous promettra, soient fidélement accomplies. Ce qui vous irrite, ô Manduciens! s'écria-t'il, c'est que les troupes des Cretois ont saisi les passages de vos montagnes par surprise, & que par là ils sont en état d'entrer malgré vous aussi souvent qu'il leur plaira dans le païs où vous êtes retirez. Les passages que les Cretois ont fortifiez par des hautes Tours pleines de gens armez, sont le véritable sujet de la guerre. Répondez-moy, y en a-t'il encore quelqu'autre?

Alors le Chef des Manduciens s'avança & parla ainsi. Que n'avons-nous pas fait pour éviter cette guerre? Les Dieux nous sont témoins que nous n'avons renoncé à la paix que quand la paix nous a échapé sans ressource, par l'ambition inquiéte des Cretois, & par l'impossibilité où ils nous ont mis de nous fier à leurs sermens. Nation insensée! qui nous a réduit malgré nous à l'affreuse necessité de prendre un parti de desespoir contr'elle, & de ne pouvoir plus chercher nôtre salut que dans sa perte! Tandis qu'ils conserveront ces passages, nous croirons toûjours qu'ils veulent usurper nos terres & nous mettre en servitude ; s'il étoit vray qu'ils ne songeassent qu'à vivre en paix avec leurs voisins, ils se contenteroient de ce que nous leur avons cedé sans peine, & ils ne chercheroient pas à conserver des entrées dans un païs contre la liberté duquel ils ne formeroient aucun dessein ambitieux. Mais vous ne les connoissez pas, ô sage Vieillard, c'est par un grand malheur que nous avons apris à les connoître. Cessez, ô homme aimé des Dieux, de retarder une guerre juste & necessaire, sans laquelle l'Hesperie ne pourroit jamais esperer une paix constante. O Nation ingrate, trompeuse & cruelle, que les Dieux irritez ont envoyé auprés de nous pour troubler nôtre paix, & pour nous punir de nos fautes ! Mais aprés nous avoir puni, ô Dieux ! vous vous vangerez, vous ne serez pas moins justes contre nos ennemis que contre nous.

A ces paroles toute l'assemblée parut émuë, il sembloit que Mars & Bellone alloient de rang en rang ralumant dans les cœurs la fureur des combats que Mentor tâchoit d'éteindre. Il reprit ainsi la parole. Si je n'avois que des promesses à vous faire, vous pourriez refuser de vous y fier : mais je vous offre des choses certaines & presentes. Si vous n'êtes pas content d'avoir pour ôtage Telemaque & moi, je vous ferai donner douze des plus nobles & des plus vaillans Cretois, il est juste que vous donniez aussi de vôtre côté des ôta-

Y iiij

ges ; car Idomenée qui desire sincerement la paix, la desire sans crainte & sans bassesse ; il desire la paix, comme vous dites vous-même que vous l'avez desirée, par sagesse & par moderation ; mais non par l'amour d'une vie molle ou par foiblesse à la vûë des dangers dont la guerre menace ; il est prêt à perir ou à vaincre, mais il préfere la paix à la victoire la plus éclatante ; il auroit honte de craindre d'être vaincu ; mais il craint d'être injuste, & il n'a point de honte de vouloir réparer ses fautes. Les armes à la main, il offre la paix, il ne veut point en imposer les conditions avec hauteur : car il ne fait aucun cas d'une paix forcée : il veut une paix dont toutes les parties soient contentes, qui finisse toutes les jalousies, qui appaise tous les ressentimens, & qui guerisse toutes les défiances. En un mot, Idomenée est dans tous les sentimens où je suis sûr que vous voudriez qu'il fût : il n'est question que de vous en persuader, la persuasion ne sera pas difficile, si vous voulez m'écouter avec un esprit dégagé & tranquille. Ecoutez, ô peuples remplis de valeur, & vous, ô Chefs si sages & si unis : Ecoutez ce que je vous offre de la part d'Idomenée, il n'est pas juste qu'il puisse entrer dans les terres de ses voisins, il n'est pas juste que ses voisins puissent entrer dans les siennes, il consent que les passages que l'on a fortifiez par des hautes tours, soient gardez par des troupes neutres. Vous Nestor &

ous Philoctete, vous êtes Grecs d'origine ; mais en cette occasion vous vous êtes déclarez contre Idomenée. Ainsi vous ne pouvez être spects d'être trop favorables à ses interêts. qui vous touche, c'est l'interêt commun de paix & de la liberté de l'Hesperie : soyez ous-mêmes les dépositaires & les gardes de es passages qui causent la guerre ; vous n'avez as moins d'interêt à empêcher que les aniens peuples de l'Hesperie ne détruisent Saente nouvelle Colonie des Grecs, semblable à elle que vous avez fondée, qu'à empêcher u'Idomenée n'usurpe les terres de ses voiins : tenez l'équilibre entre les uns & les aures : au lieu de porter le fer & le feu chez un uple que vous devez aimer, réservez-vous a gloire d'être les juges & les médiateurs ; ous me ditez que les conditions vous paroîroient merveilleuses, si vous pouviez vous assurer qu'Idomenée les accompliroit de bonne foy ; mais je vais vous satisfaire : il y aura pour sûreté réciproque les ôtages dont je vous ay parlé, jusques à ce que tous les passages soient mis en dépôt dans vos mains. Quand le salut de l'Hesperie entiere, quand celui de Salente même & d'Idomenée, sera à ôtre discretion, serez-vous contens ? De qui ourrez-vous desormais vous défier ? Sera-ce e vous-même ? Idomenée est si incapable e vous tromper, qu'il veut se fier à vous. Oüi, il veut vous fier le repos, la vie, la liberté de tout son peuple & de lui-même. S'il est vray que vous ne desiriez qu'une bonne paix, la voila qui se presente à vous, & qui vous ôte tout prétexte de reculer. Encore une fois ne vous imaginez pas que la crainte reduise Idomenée à vous faire ces offres, c'est la sagesse & la justice qui l'engagent à prendre ce parti, sans se mettre en peine si vous imputerez à foiblesse ce qu'il fait par vertu. Dans les commencemens il a fait des fautes, & il met sa gloire à les reconnoître par les offres dont il vous prévient. C'est foiblesse, c'est vanité ridicule, c'est ignorance grossiere de son propre interêt, que d'esperer de pouvoir cacher ses fautes en affectant de les soûtenir avec fierté & avec hauteur. Mais celui qui avoüe ses fautes à son ennemi, & qui offre de les réparer, montre par là qu'il est devenu incapable d'en commettre, & que l'ennemi a tout à craindre d'une conduite si sage & si ferme, à moins qu'il ne fasse la paix; gardez-vous bien de souffrir qu'il vous mette à son tour dans le tort. Si vous refusez la paix & la justice qui viennent à vous, la paix & la justice seront vangez. Idomenée qui devoit craindre de trouver les Dieux irritez contre lui, les tournera pour lui contre vous. Telemaque & moi nous combatrons alors pour la bonne cause. Je prens tous les Dieux du Ciel & des Enfers à témoin des justes propositions que viens de vous faire.

En achevant ces mots, Mentor leva son bras pour montrer à tant de peuples le rameau d'Olivier qui étoit dans sa main le signe pacifique. Les Chefs qui le regarderent de prés furent étonnez & éblouïs du feu divin qui éclatoit dans ses yeux ; il parût avec une majesté & une autorité qui est au-dessus de tout ce qu'on voit dans les plus grands d'entre les mortels. Le charme de ces paroles douces & fortes enlevoit les cœurs ; elles étoient semblables à ces paroles enchantées qui tout-à-coup dans le profond silence de la nuit, arrêtent la Lune & les Etoiles, calment la mer irritée, font taire les vents & les flots, & suspendent le cours des fleuves rapides. Mentor étoit au milieu de ces peuples furieux comme Bachus lorsqu'il étoit environné de Tygres, qui oubliant leurs cruautez, venoient par la puissance de sa douce voix lécher ses pieds & se soûmettre par leurs caresses. D'abord il se fit un profond silence dans toute l'armée, les Chefs se regardoient les uns les autres, & ne pouvoient resister à cét homme, ni comprendre qui il étoit. Toutes les troupes immobiles avoient les yeux attachez sur luy, on n'osoit s'écrier de peur qu'il n'eût encore quelque chose à dire, & qu'on ne l'empêchât, quoyqu'on ne trouvât rien à ajoûter aux choses qu'il avoit dites. Ces paroles avoient paru courtes, on auroit souhaité qu'il eût parlé plus long-temps. Tout ce qu'il avoit dit, demeuroit comme gravé dans tous les cœurs ; en parlant il se faisoit aimer, il se faisoit croire, chacun étoit avide & comme suspendu, pour recueillir jusqu'aux moindres paroles qui sortoient de sa bouche.

Enfin après un assez long silence on entendit un bruit sourd qui se répandoit peu à peu, ce n'étoit plus ce bruit confus des peuples qui fremissoient dans leur indignation, c'étoit au contraire un murmure doux & favorable, on découvroit déja sur les visages je ne sçay quoi de serain & de radouci, les Manduciens si irritez sentoient que leurs armes leur tomboient des mains. Le farouche Phalantus & les Lacedemoniens furent surpris de trouver leurs entrailles attendries : les autres commencerent à soûpirer après cette heureuse paix qu'on venoit de leur montrer. Philotecte plus sensible qu'un autre par l'experience de ses malheurs ne pût retenir ses larmes. Nestor ne pouvant parler dans le transport où ce discours venoit de le mettre, embrassa tendrement Mentor sans pouvoir parler, & tous les peuples à la fois, comme si c'eût été un signal, s'écrierent, ô sage Vieillard, vous nous desarmez. La paix, la paix.

Nestor un moment après voulut commencer un discours ; mais toutes les troupes impatientes craignirent qu'il ne voulut representer quelque difficulté. La paix, la paix, s'écrierent-ils encore une fois. On ne pût le imposer silence qu'en faisant crier avec eux par tous les Chefs de l'armée : La paix, la paix. Nestor voyant bien qu'ils n'étoient pas libres de faire un discours suivi, se contenta de dire : Vous voyez, ô Mentor, ce que peut la parole d'un homme de bien. Quand la sagesse & la vertu parlent, elles calment toutes les passions : nos justes ressentimens se changent en amitiez & en desirs d'une paix durable. Nous l'acceptons telle que vous nous l'offrez. En même tems tous les Chefs tendirent les mains en signe de consentement.

Mentor courut vers la porte de la Ville pour la faire ouvrir, & fit dire à Idomenée de sortir de la Ville sans précaution : cependant Nestor embrassoit Telemaque, disant : Aimable fils du plus sage de tous les Grecs, puissiez-vous être aussi sage & plus heureux que luy ! n'avez-vous rien découvert sur sa destinée ? Le souvenir de vôtre pere à qui vous ressemblez, a servi à étoufer nôtre indignation. Phalantus, quoyque dur & farouche, quoyqu'il n'ait jamais vû Ulysse, ne laisse pas d'être touché de ses malheurs & de ceux de son fils.

Déja on pressoit Telemaque à raconter ses avantures, lorsque Mentor revint avec Idomenée & toute la jeunesse Cretoise qui le suivoit. A la vûë d'Idomenée les Alliez sentirent que leur courage se rallumoit : mais les paroles de Mentor éteignirent ce feu prêt à éclater.

Que tardons-nous, dit-il, à conclure cette sainte alliance dont les Dieux seront les témoins & les défenseurs ? qu'ils la vangent, si jamais quelque impie ose la violer, & que tous les maux horribles de la guerre retombent sur la tête parjure & execrable de l'ambitieux qui foulera aux pieds les droits sacrez de cette Alliance : Qu'il soit détesté des Dieux & des hommes : Qu'il ne joüisse jamais du fruit de sa perfidie : Que les furies infernales sous les figures les plus hideuses, viennent exciter sa rage & son desespoir : Qu'il tombe mort sans aucune esperance de sépulture : Que son corps soit la proye des chiens & des vautours, & qu'il soit aux enfers dans le profond abîme du Tartare tourmenté à jamais plus rigoureusement que Tantale, Ixion, & les Danaïdes ! Mais plûtôt que cette paix soit inébranlable comme le rocher d'Atlas qui soûtient le Ciel : Que tous les peuples le conservent & goûtent les fruits de generation en generation : Que les noms de ceux qui l'auront jurée, soient avec amour & veneration dans la bouche de nos derniers neveux : Que cette paix fondée sur la justice & sur la bonne foi, soit le modéle de toutes les paix qui se feront à l'avenir chez toutes les Nations de la terre, & que tous les peuples qui voudront se rendre heureux en se réünissant, songent à imiter les peuples de l'Hesperie.

A ces paroles, Idomenée & les autres Rois jurerent la paix aux conditions marquées. On donna de part & d'autre douze ôtages. Telemaque veut être du nombre des ôtages donnez pour Idomenée ; mais on ne peut consentir que Mentor en soit, parce que les Alliez veulent qu'il demeure auprés d'Idomenée pour répondre de sa conduite & de celle de ses Conseillers jusques à l'entiere execution des choses promises. On immola entre la Ville & l'armée ennemie, cent genisses blanches comme la neige, & autant de taureaux de même couleur, dont les cornes étoient dorées & ornées de festons. On entendoit retentir jusques dans les montagnes voisines les mugissemens affreux des victimes qui tomboient sous le coûteau sacré, le sang fumant ruisseloit de toutes parts, on faisoit couler avec abondance un vin exquis pour les Libations, les Haruspices consultoient les entrailles qui palpitoient encore. Les Sacrificateurs brûloient sur l'Autel un encens qui formoit un épais nuage, & dont la bonne odeur parfumoit toute la campagne. Cependant les soldats des deux partis cessant de se regarder d'un œil ennemi, commençoient à s'entretenir sur leurs avantures ; ils se délassoient déja de leurs travaux, & goûtoient par avance les douceurs de la paix ; plusieurs de ceux qui avoient suivi Idomenée au siége de Troye, reconnûrent ceux de Nestor qui avoient combattu dans la même guerre. Ils s'embrassoient avec tendresse, & se racontoient mutuellement tout ce qui leur étoit arrivé, depuis qu'ils avoient ruiné la superbe Ville, qui étoit l'ornement de toute l'Asie : déja ils se couchoient sur l'herbe, se couronnoient de fleurs, & bûvoient ensemble le vin qu'on aportoit de la Ville dans de grands vases, pour celebrer une si heureuse journée.

Tout-à-coup Mentor dit aux Rois & aux Capitaines assemblez. Desormais sous divers noms & divers Chefs, vous ne serez plus qu'un seul peuple. C'est ainsi que les justes Dieux amateurs des hommes qu'ils ont formez, veulent être le lien éternel de leur parfaite concorde. Tout le genre humain n'est qu'une famille dispersée sur la face de toute la terre : tous les peuples sont freres, & doivent s'aimer comme tels. Malheur à ces impies qui cherchent une gloire cruelle dans le sang de leurs freres, qui est leur propre sang ; la guerre est quelquefois necessaire, il est vray ; mais c'est la honte du genre humain qu'elle soit inévitable en certaines occasions. O Rois ! ne dites point qu'on doit la desirer pour acquerir de la gloire : la vraie gloire ne se trouve point hors de l'humanité. Quiconque préfere sa propre gloire aux sentimens de l'humanité, c'est un monstre d'orgueil & non pas un homme, il ne parviendra même qu'à une fausse gloire, car la vraye gloire ne se trouve que dans la moderation &

dans

dans la bonté : on pourra le flâter pour contenter sa vanité folle ; mais on dira toûjours de luy en secret, quand on voudra parler sincerement. Il a d'autant moins merité la gloire, qu'il l'a desirée avec une passion injuste; les hommes ne doivent point l'estimer, puisqu'il a si peu estimé les hommes, & qu'il a prodigué leur sang par une brutale vanité. Heureux le Roy qui aime son peuple, qui en est aimé, qui se confie en ses voisins, & qui a leur confiance, qui loin de leur faire la guerre, les empêche de l'avoir entre eux, & qui fait envier à toutes les Nations Etrangeres le bonheur qu'ont ses Sujets de l'avoir pour Roy ! Songez donc à vous rassembler de tems en tems, ô vous qui gouvernez les puissantes Villes de l'Hesperie, faites de trois en trois ans une assemblée generale, où tous les Rois qui sont ici presens, se trouvent pour renouveller l'alliance par un nouveau serment, pour affermir l'amitié promise, & pour déliberer sur tous les interêts communs. Tandis que vous serez unis, vous aurez au-dedans de ce beau Païs, la paix, la gloire, & l'abondance : au dehors vous serez toûjours invincibles ; il n'y a que la discorde sortie de l'enfer pour tourmenter les hommes insensez, qui puisse troubler la felicité que les Dieux vous préparent.

Nestor répondit : Vous voyez par la facilité avec laquelle nous faisons la paix, combien nous sommes éloignez de vouloir faire la guerre par une vaine gloire, ou par l'injuste avidité de nous agrandir au préjudice de nos voisins : mais que peut-on faire quand on se trouve auprés d'un Prince violent qui ne connoît point d'autre loi que son interêt, & qui ne perd aucune occasion d'envahir les terres des autres Etats ? Ne croyez pas que je parle d'Idomenée : Non, je n'ai plus de lui cette pensée, c'est Adraste Roi des Dauniens de qui nous avons tout à craindre. Il méprise les Dieux, & croît que tous les hommes qui sont sur la terre ne sont nez que pour servir à sa gloire : il ne veut point de sujets dont il soit le Roi & le pere : il veut des esclaves & des adorateurs, il se fait rendre des honneurs divins. Jusqu'ici l'aveugle fortune a favorisé ses plus injustes entreprises. Nous nous étions hâtez de venir attaquer Salente pour nous défaire du plus foible de nos ennemis, qui ne commençoit qu'à s'établir dans cette Côte, pour tourner ensuite nos armes contre cet autre ennemi plus puissant. Il a déja pris plusieurs Villes de nos Alliez, ceux de Crotone ont perdu contre lui deux batailles. Il se sert de toutes sortes de moyens pour contenter son ambition. La force & l'artifice, tout lui est égal, pourvû qu'il accable ses ennemis ; il a amassé de grands tresors, ses troupes sont disciplinées & aguerries, ses Capitaines sont experimentés, il est bien servi, il veille lui-même sans cesse sur tous ceux qui agissent par ses ordres, il punit sévérement les moindres fautes, & récompense avec liberalité les services qu'on lui rend, sa valeur soûtient & anime celle de toutes ces troupes : ce seroit un Roy accompli si la justice & la bonne foi régloient sa conduite ; mais il ne craint ni les Dieux ni les reproches de sa conscience : il compte même pour rien la réputation, il la regarde comme un vain phantôme qui ne doit arrêter que les esprits foibles : il ne compte pour un bien solide & réel que l'avantage de posseder de grandes richesses, d'être craint, & de fouler aux pieds tout le genre humain : bien-tôt son armée paroîtra sur nos terres ; & si l'union de tant de peuples ne nous met en état de lui résister, toute l'esperance de liberté nous est ôtée, c'est l'interêt d'Idomenée aussi-bien que le nôtre, de s'opposer à ce voisin qui ne peut souffrir rien de libre dans son voisinage. Si nous étions vaincus, Salente seroit menacée du même malheur. Hâtons-nous tous ensemble de le prévenir.

Pendant que Nestor parloit ainsi, on s'avançoit vers la Ville : car Idomenée avoit prié tous les Rois & les principaux Chefs d'y entrer pour y passer la nuit ; cependant toute l'armée des Alliez dressoit ses tentes, & la campagne étoit déja couverte de riches pavillons de toutes sortes de couleurs, où les Hesperiens fatiguez attendoient le sommeil. Quand il

Rois avec leur suite furent entrez dans la Ville, ils parurent étonnez qu'en si peu de temps on eût pû tant faire de bâtimens magnifiques, & que l'embaras d'une si grande guerre n'eût point empêché cette Ville naissante de croître & de s'embellir. On admira la sagesse & la vigilance d'Idomenée qui avoit fondé un si beau Royaume, & chacun conclut que la paix étant faite avec lui, les Alliez seroient bien puissans s'il entroit dans leur ligue contre les Dauniens. On propose à Idomenée d'y entrer, il ne peut rejetter une si juste proposition, & promet des troupes : mais comme Mentor n'ignoroit rien de tout ce qui est necessaire pour rendre un Etat florissant, il comprit que les forces d'Idomenée ne pouroient pas être aussi grandes qu'elles le paroissoient ; il le prit en particulier, & lui parla ainsi.

Vous voyez que nos soins ne vous ont pas été inutiles, Salente est garantie des malheurs qui la menaçoient, il ne tient plus qu'à vous d'en élever jusqu'au Ciel la gloire, & d'égaler la sagesse de Minos vôtre ayeul dans le gouvernement de vos peuples. Je continuë à vous parler librement, supposant que vous le voulez & que vous détestez toute flâterie. Pendant que ces Rois ont loüé vôtre magnificence, je pensois en moi-même à la temerité de vôtre conduite.

A ce mot de temerité, Idomenée changea de visage, ses yeux se troublerent, il rougit, & peu s'en falut qu'il n'interrompit Mentor pour lui témoigner son ressentiment.

Mentor lui dit d'un ton modeste & respectueux, mais libre & hardi : Ce mot de temerité vous choque, je le voi bien ; tout autre que moy auroit eu tort de s'en servir : car il faut respecter les Rois & ménager leur delicatesse, même en les reprenant, la verité par elle-même les blesse assez sans y ajoûter des termes forts, mais j'ai crû que vous pouviez souffrir que je vous parlasse sans adoucissement pour vous faire découvrir vôtre faute. Mon dessein a été de vous accoûtumer à entendre nommer les choses par leur nom, & à comprendre que quand les autres vous donneront des conseils sur vôtre conduite, ils n'oseront jamais vous dire tout ce qu'ils penseront, & il faudra si vous voulez n'y être pas trompé, que vous compreniez toujours plus qu'il ne vous diront sur les choses qui vous seront desavantageuses. Pour moi je veux bien adoucir mes paroles selon vôtre besoin.

A ces mots Idomenée déja revenu de sa premiere promptitude, parût honteux de sa délicatesse : Vous voyez, dit-il à Mentor, ce que fait l'habitude d'être flâté. Je vous dois le salut de mon Royaume, il n'est aucune verité que je ne me croye heureux d'entendre de vôtre bouche ; mais ayez pitié d'un Roy que la flâterie avoit empoisonné, &

qui n'a pas pû même dans ses malheurs trouver des hommes assez genereux pour lui dire la verité. Non, je n'ay jamais trouvé personne qui m'eût assez aimé pour vouloir me déplaire en me disant la verité toute entiere. En disant ces paroles, les larmes luy vinrent aux yeux, & il embrassa tendrement Mentor.

Alors ce sage Vieillard lui dit : C'est avec douleur que je me vois contraint de vous dire des choses dures, mais puis-je vous trahir en vous cachant la verité ? mettez-vous en ma place, si vous avez été trompé jusqu'icy, c'est que vous avez bien voulu l'être : C'est pourquoy vous avez craint les conseils. Avez-vous cherché les gens les plus desinteressez & les plus propres à vous contredire ? Avez-vous pris soin de choisir les hommes les moins empressez à vous plaire & les plus capables de condamner vos passions & vos sentimens injustes ? Quand vous avez trouvé des flâteurs, les avez-vous écartez ? Vous en êtes-vous défié ? Non, non, vous n'avez point fait ce que font ceux qu'aiment la verité & qui meritent de la connoître. Voyons si vous auriez maintenant le courage de faire mieux & de vous laisser humilier par la verité qui vous condamne. Je disois donc que ce qui vous attire tant de loüanges, ne merite que d'être blâmé. Pendant que vous aviez au-dehors tant d'enneis qui menaçoient vôtre Royaume encore mal établi, vous ne songiez au dedans de vôtre nouvelle Ville, qu'à y faire des ouvrages magnifiques ; c'est ce qui vous a coûté tant de mauvaises nuits, comme vous me l'avez avoüé vous-même. Vous avez épuisé vos richesses ; vous n'avez songé ni à augmenter vôtre peuple, ni à cultiver les terres fertiles de cette Côte. Ne faloit-il pas regarder ces deux choses comme les deux fondemens essentiels de vôtre puissance, avoir beaucoup de bons hommes, & des terres bien cultivées pour les nourir ? Il faloit une longue paix dans ces commencemens pour favoriser la multiplication de vôtre peuple. Vous ne deviez songer qu'à l'agriculture & à l'établissement des plus sages loix ; une vaine ambition vous a poussé jusqu'au bord du précipice : à force de vouloir paroître grand, vous avez pensé ruïner vôtre veritable grandeur. Hâtez-vous donc de reparer ces fautes, suspendez tous vos grands ouvrages, renoncez au faste qui ruïneroit vôtre nouvelle Ville, laissez en paix respirer vos peuples, appliquez-vous à les mettre dans l'abondance pour faciliter les mariages. Sçachez que vous n'êtes Roy qu'autant que vous avez des peuples à gouverner, & que vôtre puissance doit se mesurer non par l'étenduë des terres que vous occuperez, mais par le nombre des hommes qui habiteront ces terres, & qui seront attachez à vous obéïr ; poſſedez une bonne terre, quoi que mediocre en étenduë ; couvrez-là de peuples innombrables, laborieux, diſciplinez ; faites que ces peuples vous aiment ; vous êtes plus puiſſant, plus heureux, plus rempli de gloire que tous les Conquerans qui ravagent tant de Royaumes.

Que ferai-je donc à l'égard de ces Rois, reprit Idomenée, leur avoüerai-je ma foibleſſe ? Il eſt vray que j'ay négligé l'agriculture, & même le commerce qui m'eſt ſi facile ſur cette Côte ; je n'ay ſongé qu'à faire une Ville magnifique. Faudra-t'il, mon cher Mentor, me deshonorer dans l'aſſemblée de tant de Rois, & découvrir mon impuiſſance ? S'il le faut, je le veux, je le ferai ſans heſiter, quoiqu'il m'en coûte : car vous m'avez appris qu'un vray Roy qui eſt fait pour ſes peuples, & qui ſe doit tout entier à eux, doit préferer le ſalut de ſon Royaume à ſa propre réputation.

Ce ſentiment eſt digne du pere des peuples, reprit Mentor ; c'eſt à cette bonté, & non à la magnificence de vôtre Ville, que je reconnois en vous le cœur d'un vray Roy ; mais il faut ménager vôtre honneur pour l'intereſt même de vôtre Royaume. Laiſſez-moy faire, je vais faire entendre à ces Rois que vous êtes engagé à rétablir Ulyſſe, s'il eſt encore vivant, ou du moins ſon fils à Itaque, & que vous voulez en chaſſer par
force

forcé tous les Amans de Penelope. Ils n'auront pas de peine à comprendre que cette guerre demande des troupes nombreuses, ainsi ils consentiront que vous ne leur donniez d'abord qu'un foible secours contre les Dauniens.

A ces mots Idomenée parut comme un homme qu'on soulage d'un fardeau accablant. Vous sauvez, cher amy, dit-il, mon honneur & la réputation de cette Ville naissante, dont vous cacherez l'épuisement à tous mes voisins : mais quelle apparence de dire que je veux envoyer des troupes à Itaque pour y rétablir Ulysse, au moins Telemaque son fils, pendant que Telemaque lui-même est engagé à aller à la guerre contre les Dauniens ?

Ne soyez point en peine, repliqua Mentor, je ne diray rien que de vray : les Vaisseaux que vous envoyez pour l'établissement de vôtre commerce iront sur la Côte de l'Epire ; ils feront deux choses à la fois, l'une de rappeller sur vôtre Côte les Marchands étrangers que les trop grands impôts éloignent de Salente, l'autre de chercher des nouvelles d'Ulysse : S'il est encore vivant, il faut qu'il ne soit pas loin de ces mers qui divisent la Grece d'avec l'Italie, & on assure qu'on l'a vû chez les Pheaciens : quand il n'y auroit plus aucune esperance de le revoir, vos Vaisseaux rendront un signalé service à son fils :

ils répandront dans Itaque & dans tous les païs voisins, la terreur du nom du jeune Telemaque, qu'on croyoit mort comme son pere. Les Amans de Penelope seront étonnez d'apprendre qu'il est prêt à revenir avec le secours d'un puissant Allié : les Itaciens n'oseront secoüer le joug, Penelope sera consolée, & refusera toûjours de choisir un époux. Ainsi vous servirez Telemaque pendant qu'il sera en vôtre place avec les Alliez de cette Côte contre les Dauniens.

A ces mots Idomenée s'écria : Heureux le Roy qui est soûtenu par de sages conseils ! Un amy sage & fidéle vaut mieux à un Roy que des armées victorieuses. Mais doublement heureux le Roy qui sent son bonheur & qui sçait en profiter par l'usage de ses conseils : car souvent il arrive qu'on éloigne de sa confiance les hommes sages & vertueux dont on craint la vertu, pour prêter l'oreille à des flâteurs dont on ne craint point la trahison. Je suis moi-même tombé dans cette faute, & je vous raconteray tous les malheurs qui me sont venus par un faux amy qui flâtoit mes passions, dans l'esperance que je flâterois à mon tour les siennes.

Mentor fit aisément entendre aux Rois alliez, qu'Idomenée devoit se charger des affaires de Telemaque, pendant que celuy-cy iroit avec eux. Ils se contenterent d'avoir dans leur armée le jeune fils d'Ulysse, avec cent jeunes Cretois qu'Idomenée luy donne pour l'accompagner : c'étoit la fleur de la jeune noblesse que le Roi avoit emmené de Crete.

Les Rois alliez partirent de Salente contens du Roy Idomenée, & charmez de la sagesse de Mentor, ils étoient pleins de joye de ce qu'ils amenoient avec eux Telemaque. Celui-ci ne pût moderer sa douleur quand il falut se séparer de son amy. Pendant que les Rois alliez faisoient leurs adieux & juroient à Idomenée qu'ils garderoient avec luy une éternelle alliance, Mentor tenant Telemaque serré entre ses bras, se sentoit arrosé de ses larmes. Je suis insensible, disoit Telemaque, à la joye d'aller acquerir de la gloire, je ne suis touché que de la douleur de nôtre séparation : il me semble que je vois encore ce temps infortuné où les Egyptiens m'arracherent d'entre vos bras & m'éloignerent de vous, sans me laisser aucune esperance de vous revoir.

Mentor répondit à ces paroles avec douceur pour le consoler. Voici, lui disoit-il, une séparation bien differente, elle est volontaire, elle sera courte, vous allez chercher la victoire : il faut, mon fils, que vous m'aimiez d'un amour moins tendre & plus courageux. Accoûtumez-vous à mon absence, vous ne m'aurez pas toûjours : il faut que ce soit la sagesse & la vertu, plûtôt que la présence de Mentor, qui vous inspirent ce que vous devez faire. En disant ces mots, la Déesse cachée sous la figure de Mentor couvrit Telemaque de son Egide, elle répandit au dedans de luy l'esprit de sagesse & de prévoyance, la valeur intrepide & la douce moderation qui se trouvent si rarement ensemble. Allez, disoit Mentor au milieu des plus grands dangers toutes les fois qu'il sera utile que vous y alliez. Un Prince se deshonore encore plus en évitant les dangers de la guerre, qu'en n'y allant jamais. Il ne faut point que le courage de celuy qui commande aux autres puisse être douteux : s'il est necessaire à un peuple de conserver son Chef & son Roy, il luy est encore plus necessaire de ne le point voir dans une réputation incertaine sur la valeur. Souvenez-vous que celuy qui commande doit être le modele de tous les autres, son exemple doit animer toute l'armée. Exposez-vous donc, ô Telemaque, & perissez dans les combats plûtôt que de vous livrer à la malignité de ceux qui pourroient douter de vôtre courage ; mais aussi n'allez pas chercher les perils sans utilité. La valeur ne peut être une vertu qu'autant qu'elle est réglée par la prudence, autrement c'est un mépris insensé de la vie, & une ardeur brutale. La valeur emportée n'a rien de seur. Celuy qui ne se possede point dans les dangers, est plûtôt fougueux que brave, il a besoin d'être hors de luy pour se mettre au-dessus de la crainte, parce qu'il ne peut la surmonter par la situation naturelle de son cœur; en cét état, s'il ne fuit point, du moins il se trouble; il perd la liberté de son esprit qui lui seroit necessaire pour profiter des occasions de renverser les ennemis ou de servir sa Patrie; s'il a toute l'ardeur d'un soldat, il n'a point le discernement d'un Capitaine, encore même n'a-t'il pas le vrai courage d'un simple soldat, car le soldat doit conserver dans le combat la presence d'esprit & la moderation necessaire pour obéir. Celui qui s'expose temerairement, trouble l'ordre & la discipline des troupes, donne un exemple de temerité, & expose souvent l'Armée entiere à de grands malheurs: ceux qui préferent leur vaine ambition à la sûreté de la cause commune, meritent des châtimens & non des récompenses: gardez-vous donc bien, mon cher fils, de chercher la gloire avec trop d'impatience, le vray moyen de la trouver est d'attendre tranquillement l'occasion favorable. La vertu se fait d'autant plus reverer qu'elle se montre plus simple, plus modeste, plus ennemie de tout faste; c'est à mesure que la necessité de s'exposer au peril s'augmente, qu'il faut avoir aussi de nouvelles ressources de prévoyance & de courage qui aillent toûjours croissant. Au reste, souvenez-vous qu'il ne faut s'attirer l'envie de personne : d'un autre côté ne soyez point jaloux des succés des autres, loüez le premier tout ce qui merite quelque loüange ; mais loüez avec discernement, disant le bien avec plaisir, cachez le mal, & n'y pensez qu'avec douleur. Ne décidez point devant les anciens Capitaines, qui ont toute l'experience que vous ne pouvez avoir, écoutez-les avec déference, consultez-les, priez les plus habiles de vous instruire, & n'ayez point de honte d'attribuer à leurs instructions tout ce que vous ferez de meilleur. Enfin n'écoutez jamais des discours par lesquels on voudra exciter vôtre défiance ou vôtre jalousie contre les autres Chefs. Parlez-leur avec confiance & ingenuité ; si vous croyez qu'ils ayent manqué à vôtre égard, ouvrez-leur vôtre cœur, expliquez-leur toutes vos raisons ; s'ils sont capables de sentir la noblesse de cette conduite, vous les charmerez, & vous tirerez d'eux tout ce que vous aurez sujet d'en attendre : au contraire, s'ils ne sont pas assez raisonnables pour entrer dans vos sentimens, vous serez instruit par vous-même de ce qu'il y aura en eux d'injuste, vous prendrez vos mesures pour ne vous plus commettre jusqu'à ce que la guerre finisse, & nous n'aurez rien à vous reprocher ; mais sur tout ne dites jamais à certains flâteurs qui sement la division, les sujets de plaintes que vous croirez avoir contre les Chefs de l'Armée où vous serez.

Je demeurerai icy, continua Mentor, pour secourir Idomenée dans le besoin où il est de travailler au bonheur de ses peuples. Je vous attendrai, ô mon cher Telemaque ! souvenez-vous que ceux qui craignent les Dieux n'ont rien à craindre des hommes : vous vous trouverez dans les plus extrêmes perils, mais sçachez que Minerve ne vous abandonnera point.

A ces mots, Telemaque crût sentir la presence de la Déesse, & il eût même reconnu que c'étoit elle qui parloit pour le remplir de confiance, si la Déesse n'eût rappellé l'idée de Mentor, en lui disant : N'oubliez pas, mon fils, tous les soins que j'ay pris pendant vôtre enfance pour vous rendre sage & courageux comme vôtre pere, ne faites rien qui ne soit digne de ses grands exemples, & des maximes de vertu que j'ay tâché de vous inspirer.

Le Soleil se levoit déja, & doroit le sommet des montagnes quand le Roy sortit de Salente pour rejoindre les troupes. Ces troupes campées autour de la Ville se mirent en marche sous les Commandans. On voyoit de tous côtez le fer des picques herissées, l'éclat des boucliers éblouïssoit les yeux, un nuage de poussiere s'élevoit jusqu'aux nuës. Idomenée avec Mentor conduisoit dans la campagne les Rois Alliez qui s'éloignent des murs de la Ville. Enfin ils se séparerent, après s'être donné de part & d'autre les marques d'une vraye amitié, & les Alliez ne douterent plus que la paix ne fût durable, lors qu'ils connurent la bonté du cœur d'Idomenée, qu'on leur avoit representé bien different de ce qu'il étoit ; c'est qu'on jugeoit de lui, non par les sentimens naturels, mais par les conseils flâteurs & injustes ausquels il s'étoit livré.

Fin du huitiéme Livre.

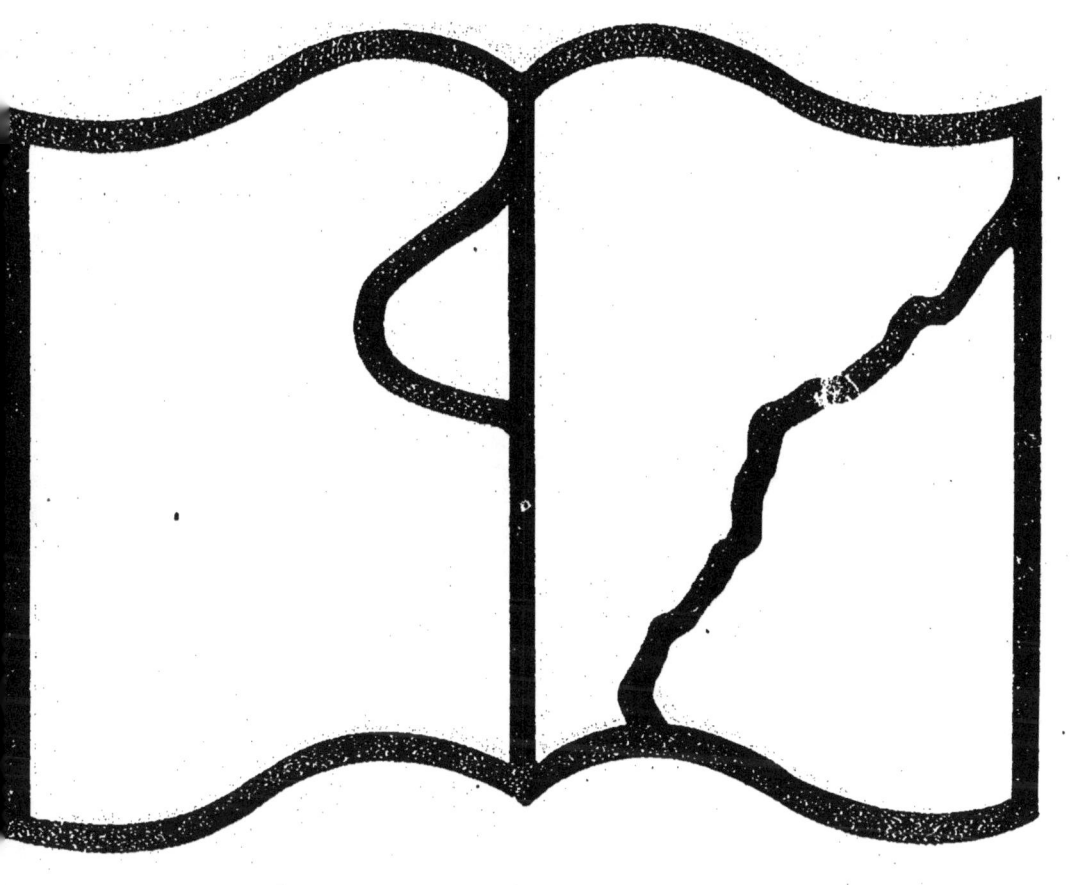

Texte détérioré — reliure défectueuse
NF Z 43-120-11

www.ingramcontent.com/pod-product-compliance
Lightning Source LLC
Chambersburg PA
CBHW071137160426
43196CB00011B/1924